CHECHENO
VOCABULARIO

PALABRAS MÁS USADAS

ESPAÑOL-CHECHENO

Las palabras más útiles
Para expandir su vocabulario y refinar
sus habilidades lingüísticas

5000 palabras

Vocabulario Español-Checheno - 5000 palabras más usadas
por Andrey Taranov

Los vocabularios de T&P Books buscan ayudar en el aprendizaje, la memorización y la revisión de palabras de idiomas extranjeros. El diccionario se divide por temas, cubriendo toda la esfera de las actividades cotidianas, de negocios, ciencias, cultura, etc.

El proceso de aprendizaje de palabras utilizando los diccionarios temáticos de T&P Books le proporcionará a usted las siguientes ventajas:

- La información del idioma secundario está organizada claramente y predetermina el éxito para las etapas subsiguientes en la memorización de palabras.
- Las palabras derivadas de la misma raíz se agrupan, lo cual permite la memorización de grupos de palabras en vez de palabras aisladas.
- Las unidades pequeñas de palabras facilitan el proceso de reconocimiento de enlaces de asociación que se necesitan para la cohesión del vocabulario.
- De este modo, se puede estimar el número de palabras aprendidas y así también el nivel de conocimiento del idioma.

Copyright © 2017 T&P Books Publishing

Todos los derechos reservados. Ninguna porción de este libro puede reproducirse o utilizarse de ninguna manera o por ningún medio; sea electrónico o mecánico, lo cual incluye la fotocopia, grabación o información almacenada y sistemas de recuperación, sin el permiso escrito de la editorial.

T&P Books Publishing
www.tpbooks.com

ISBN: 978-1-78314-046-6

Este libro está disponible en formato electrónico o de E-Book también.
Visite www.tpbooks.com o las librerías electrónicas más destacadas en la Red.

VOCABULARIO CHECHENO
palabras más usadas

Los vocabularios de T&P Books buscan ayudar al aprendiz a aprender, memorizar y repasar palabras de idiomas extranjeros. Los vocabularios contienen más de 5000 palabras comúnmente usadas y organizadas de manera temática.

- El vocabulario contiene las palabras corrientes más usadas.
- Se recomienda como ayuda adicional a cualquier curso de idiomas.
- Capta las necesidades de aprendices de nivel principiante y avanzado.
- Es conveniente para uso cotidiano, prácticas de revisión y actividades de auto-evaluación.
- Facilita la evaluación del vocabulario.

Aspectos claves del vocabulario

- Las palabras se organizan según el significado, no según el orden alfabético.
- Las palabras se presentan en tres columnas para facilitar los procesos de repaso y auto-evaluación.
- Los grupos de palabras se dividen en pequeñas secciones para facilitar el proceso de aprendizaje.
- El vocabulario ofrece una transcripción sencilla y conveniente de cada palabra extranjera.

El vocabulario contiene 155 temas que incluyen lo siguiente:

Conceptos básicos, números, colores, meses, estaciones, unidades de medidas, ropa y accesorios, comida y nutrición, restaurantes, familia nuclear, familia extendida, características de personalidad, sentimientos, emociones, enfermedades, la ciudad y el pueblo, exploración del paisaje, compras, finanzas, la casa, el hogar, la oficina, el trabajo en oficina, importación y exportación, promociones, búsqueda de trabajo, deportes, educación, computación, la red, herramientas, la naturaleza, los países, las nacionalidades y más ...

TABLA DE CONTENIDO

Guía de pronunciación	9
Abreviaturas	11
CONCEPTOS BÁSICOS	12
Conceptos básicos. Unidad 1	12
1. Los pronombres	12
2. Saludos. Salutaciones. Despedidas	12
3. Modos del trato: Como dirigirse a otras personas	13
4. Números cardinales. Unidad 1	13
5. Números cardinales. Unidad 2	14
6. Números ordinales	15
7. Números. Fracciones	15
8. Números. Operaciones básicas	15
9. Números. Miscelánea	15
10. Los verbos más importantes. Unidad 1	16
11. Los verbos más importantes. Unidad 2	17
12. Los verbos más importantes. Unidad 3	18
13. Los verbos más importantes. Unidad 4	19
14. Los colores	19
15. Las preguntas	20
16. Las preposiciones	21
17. Las palabras útiles. Los adverbios. Unidad 1	21
18. Las palabras útiles. Los adverbios. Unidad 2	23
Conceptos básicos. Unidad 2	25
19. Los días de la semana	25
20. Las horas. El día y la noche	25
21. Los meses. Las estaciones	26
22. Las unidades de medida	28
23. Contenedores	29
EL SER HUMANO	30
El ser humano. El cuerpo	30
24. La cabeza	30
25. El cuerpo	31
La ropa y los accesorios	32
26. La ropa exterior. Los abrigos	32
27. Men's & women's clothing	32

28. La ropa. La ropa interior 33
29. Gorras 33
30. El calzado 33
31. Accesorios personales 34
32. La ropa. Miscelánea 34
33. Productos personales. Cosméticos 35
34. Los relojes 36

La comida y la nutrición 37

35. La comida 37
36. Las bebidas 38
37. Las verduras 39
38. Las frutas. Las nueces 40
39. El pan. Los dulces 41
40. Los platos al horno 41
41. Las especias 42
42. Las comidas 43
43. Los cubiertos 43
44. El restaurante 44

La familia nuclear, los parientes y los amigos 45

45. La información personal. Los formularios 45
46. Los familiares. Los parientes 45

La medicina 47

47. Las enfermedades 47
48. Los síntomas. Los tratamientos. Unidad 1 48
49. Los síntomas. Los tratamientos. Unidad 2 49
50. Los síntomas. Los tratamientos. Unidad 3 50
51. Los médicos 51
52. La medicina. Las drogas. Los accesorios 51

EL AMBIENTE HUMANO 52
La ciudad 52

53. La ciudad. La vida en la ciudad 52
54. Las instituciones urbanas 53
55. Los avisos 54
56. El transporte urbano 55
57. La exploración del paisaje 56
58. Las compras 57
59. El dinero 58
60. La oficina de correos 59

La vivienda. La casa. El hogar 60

61. La casa. La electricidad 60

62. La villa. La mansión	60
63. El apartamento	60
64. Los muebles. El interior	61
65. Los accesorios de la cama	62
66. La cocina	62
67. El baño	63
68. Los aparatos domésticos	64

LAS ACTIVIDADES DE LA GENTE	**65**
El trabajo. Los negocios. Unidad 1	**65**
69. La oficina. El trabajo de oficina	65
70. Los métodos de los negocios. Unidad 1	66
71. Los métodos de los negocios. Unidad 2	67
72. La producción. Los trabajos	68
73. El contrato. El acuerdo	69
74. Importación y Exportación	70
75. Las finanzas	70
76. La mercadotecnia	71
77. La publicidad	71
78. La banca	72
79. El teléfono. Las conversaciones telefónicas	73
80. El teléfono celular	73
81. Los artículos de escritorio	74
82. Tipos de negocios	74

El trabajo. Los negocios. Unidad 2	**77**
83. El espectáculo. La exhibición	77
84. La ciencia. La investigación. Los científicos	78

Las profesiones y los oficios	**79**
85. La búsqueda de trabajo. El despido del trabajo	79
86. Los negociantes	79
87. Los trabajos de servicio	80
88. La profesión militar y los rangos	81
89. Los oficiales. Los sacerdotes	82
90. Las profesiones agrícolas	82
91. Las profesiones artísticas	83
92. Profesiones diversas	83
93. Los trabajos. El estatus social	85

La educación	**86**
94. La escuela	86
95. Los institutos. La Universidad	87
96. Las ciencias. Las disciplinas	87
97. Los sistemas de escritura. La ortografía	88
98. Los idiomas extranjeros	89

Los restaurantes. El entretenimiento. El viaje 91

99. El viaje. Viajar 91
100. El hotel 91

EL EQUIPO TÉCNICO. EL TRANSPORTE 93
El equipo técnico 93

101. El computador 93
102. El internet. El correo electrónico 94
103. La electricidad 95
104. Las herramientas 95

El transporte 98

105. El avión 98
106. El tren 99
107. El barco 100
108. El aeropuerto 101

Acontecimentos de la vida 103

109. Los días festivos. Los eventos 103
110. Los funerales. El entierro 104
111. La guerra. Los soldados 104
112. La guerra. Las maniobras militares. Unidad 1 105
113. La guerra. Las maniobras militares. Unidad 2 107
114. Las armas 108
115. Los pueblos antiguos 110
116. La edad media 110
117. El líder. El jefe. Las autoridades 112
118. Violar la ley. Los criminales. Unidad 1 113
119. Violar la ley. Los criminales. Unidad 2 114
120. La policía. La ley. Unidad 1 115
121. La policía. La ley. Unidad 2 116

LA NATURALEZA 118
La tierra. Unidad 1 118

122. El espacio 118
123. La tierra 119
124. Los puntos cardinales 120
125. El mar. El océano 120
126. Los nombres de los mares y los océanos 121
127. Las montañas 122
128. Los nombres de las montañas 123
129. Los ríos 123
130. Los nombres de los ríos 124
131. El bosque 124
132. Los recursos naturales 125

La tierra. Unidad 2   127

133. El tiempo   127
134. Los eventos climáticos severos. Los desastres naturales   128

La fauna   129

135. Los mamíferos. Los predadores   129
136. Los animales salvajes   129
137. Los animales domésticos   130
138. Los pájaros   131
139. Los peces. Los animales marinos   133
140. Los anfibios. Los reptiles   133
141. Los insectos   134

La flora   135

142. Los árboles   135
143. Los arbustos   135
144. Las frutas. Las bayas   136
145. Las flores. Las plantas   137
146. Los cereales, los granos   138

LOS PAÍSES. LAS NACIONALIDADES   139

147. Europa occidental   139
148. Europa central y oriental   139
149. Los países de la antes Unión Soviética   140
150. Asia   140
151. América del Norte   141
152. Centroamérica y Sudamérica   141
153. África   142
154. Australia. Oceanía   142
155. Las ciudades   142

T&P Books. Vocabulario Español-Checheno - 5000 palabras más usadas

GUÍA DE PRONUNCIACIÓN

La letra	Ejemplo checheno	T&P alfabeto fonético	Ejemplo español
A a	самадала	[ɑː]	arado
Аь аь	аьртадала	[æː], [æ]	hacer
Б б	биллиард	[b]	en barco
В в	ловзо кехат	[v]	travieso
Г г	горгал	[g]	jugada
ГӀ гӀ	жипгӀа	[ɣ]	amigo, magnífico
Д д	дӀаала	[d]	desierto
Е е	кевнахо	[e], [ɛ]	princesa
Ё ё	боксёр	[jɔː], [ɜː]	pollo
Ж ж	мужалтах	[ʒ]	adyacente
З з	ловза	[z]	desde
И и	сирла	[ɪ], [i]	hundirse
Й й	лийча	[j]	asiento
К к	секунд	[k]	charco
Кх кх	кхиорхо	[q]	catástrofe
Къ къ	юккъе	[q]	[k] tensa
КӀ кӀ	кӀайн	[k]	[k] tensa
Л л	лаьстиг	[l]	lira
М м	Марша Ӏайла	[m]	nombre
Н н	Хьанна?	[n]	número
О о	модельхо	[o], [ɔ]	bolsa
Оь оь	пхоьлгӀа	[ø]	alemán - Hölle
П п	пхийтта	[p]	precio
ПӀ пӀ	пӀераска	[p]	[p] tensa
Р р	борзанан	[r]	era, alfombra
С с	сандалеш	[s]	salva
Т т	туьйдарг	[t]	torre
ТӀ тӀ	тӀормиг	[t]	[t] tensa
У у	тукар	[uː]	jugador
Уь уь	уьш	[y]	pluma
Ф ф	футбол	[f]	golf
Х х	хьехархо	[h]	mejicano
Хь хь	дагахь	[h], [x]	reloj
ХӀ хӀ	хӀордахо	[h]	registro
Ц ц	мацахлера	[ts]	tsunami
ЦӀ цӀ	цӀубдар	[ts]	Botsuana
Ч ч	лечкъо	[tʃ]	mapache
ЧӀ чӀ	чӀогӀа	[tɕ]	[tch] tenso
Ш ш	шахматаш	[ʃ]	shopping
Щ щ	цергийг щётка	[ɕ]	China
ъ	къонза	[ⁿ]	signo duro, no tiene sonido

9

La letra	Ejemplo checheno	T&P alfabeto fonético	Ejemplo español
ы	лыжаш хехка	[ɪ]	abismo
ь	доьзал	[ʲ]	signo blando, no tiene sonido
Э э	эшар	[e]	verano
Ю ю	юхадала	[y]	pluma
Юь юь	юьхьенца	[ju], [juː]	lluvia
Я я	цӀанъян	[jɑ]	ensayar
Яь яь	яьшка	[jæ]	variante
Ӏ ӏ	Ӏамо	[ə]	llave

ABREVIATURAS
usadas en el vocabulario

Abreviatura en español

adj	-	adjetivo
adv	-	adverbio
anim.	-	animado
conj	-	conjunción
etc.	-	etcétera
f	-	sustantivo femenino
f pl	-	femenino plural
fam.	-	uso familiar
fem.	-	femenino
form.	-	uso formal
inanim.	-	inanimado
innum.	-	innumerable
m	-	sustantivo masculino
m pl	-	masculino plural
m, f	-	masculino, femenino
masc.	-	masculino
mat	-	matemáticas
mil.	-	militar
num.	-	numerable
p.ej.	-	por ejemplo
pl	-	plural
pron	-	pronombre
sg	-	singular
v aux	-	verbo auxiliar
vi	-	verbo intransitivo
vi, vt	-	verbo intransitivo, verbo transitivo
vr	-	verbo reflexivo
vt	-	verbo transitivo

CONCEPTOS BÁSICOS

Conceptos básicos. Unidad 1

1. Los pronombres

yo	со	[sɔ]
tú	хьо	[hɔ]
él, ella, ello	иза	[ɪz]
nosotros, -as	вай	[vɑj]
vosotros, -as	шу	[ʃu]
ellos, ellas	уьш	[ʉʃ]

2. Saludos. Salutaciones. Despedidas

¡Hola! (fam.)	Маршалла ду хьоьга!	[marʃall du høg]
¡Hola! (form.)	Маршалла ду шуьга!	[marʃall du ʃʉg]
¡Buenos días!	Iуьйре дика хуьлда!	['ujre dɪk hʉld]
¡Buenas tardes!	Де дика хуьлда!	[de dɪk hʉld]
¡Buenas noches!	Суьйре дика хуьлда!	[sʉjre dɪk hʉld]
decir hola	салам дала	[salam dal]
¡Hola! (a un amigo)	Маршалла ду хьоьга!	[marʃall du høg]
saludo (m)	маршалла, маршалла хаттар	[marʃall], [marʃall hattar]
saludar (vt)	маршалла хатта	[marʃall hatt]
¿Cómo estás?	Муха ду гIуллакхш?	[muha du ɣullaqʃ]
¿Qué hay de nuevo?	ХIун ду керла?	[h'un du kerl]
¡Chau! ¡Adiós!	Марша Iайла!	[marʃ 'ajl]
¡Hasta pronto!	Iодика хуьлда!	['ɔdɪk hʉljd]
¡Adiós! (fam.)	Iодика йойла хьа!	['ɔdɪk jojl ha]
¡Adiós! (form.)	Iодика йойла шунна!	['ɔdɪk jojl ʃunn]
despedirse (vr)	Iодика ян	['ɔdɪk jan]
¡Hasta luego!	Iодика йойла!	['ɔdɪk jojl]
¡Gracias!	Баркалла!	[barkall]
¡Muchas gracias!	Доаккха баркалла!	[doakq barkall]
De nada	ХIума дац!	[h'um dats]
No hay de qué	ХIума дац!	[h'um dats]
De nada	ХIума дац!	[h'um dats]
¡Disculpa!	Бехк ма билл!	[behk ma bɪll]
¡Disculpe!	Бехк ма биллалаш!	[behk ma bɪllalaʃ]
disculpar (vt)	бехк ца билла	[behk tsa bɪll]
disculparse (vr)	бехк цабиллар деха	[behk tsabɪllar deh]

Mis disculpas	Суна бехк ма биллалаш!	[sun behk m bıllalaʃ]
¡Perdóneme!	Бехк ма биллаш!	[behk ma bıllaʃ]
perdonar (vt)	бехк цабиллар	[behk tsabıllar]
¡No se le olvide!	Диц ма ло!	[dıts ma lɔ]
¡Ciertamente!	Дера!	[der]
¡Claro que no!	Дера дац!	[der dats]
¡De acuerdo!	Реза ву!	[rez vu]
¡Basta!	Тоьур ду!	[tøur du]

3. Modos del trato: Como dirigirse a otras personas

señor	Эла	[ɛl]
señora	Сту	[stu]
señorita	Йол	[joʕ]
joven	Жима стаг	[ʒım stag]
niño	КIант	[k'ant]
niña	Жима йол	[ʒım joʕ]

4. Números cardinales. Unidad 1

cero	ноль	[nɔlj]
uno	цхьаъ	[tshaʔ]
dos	шиъ	[ʃıʔ]
tres	кхоъ	[qɔʔ]
cuatro	диъ	[dıʔ]

cinco	пхиъ	[phıʔ]
seis	ялх	[jalh]
siete	ворхI	[vɔrh']
ocho	бархI	[barh']
nueve	исс	[ıss]

diez	итт	[ıtt]
once	цхьайтта	[tshajtt]
doce	шийтта	[ʃıːtt]
trece	кхойтта	[qɔjtt]
catorce	дейтта	[dejtt]

quince	пхийтта	[phıːtt]
dieciséis	ялхитта	[jalhıtt]
diecisiete	вуьрхIитта	[vʉrh'ıtt]
dieciocho	берхIитта	[berh'ıtt]
diecinueve	ткъесна	[tqʔesn]

veinte	ткъа	[tqʔa]
veintiuno	ткъе цхьаъ	[tqʔe tshaʔ]
veintidós	ткъе шиъ	[tqʔe ʃı]
veintitrés	ткъе кхоъ	[tqʔe qɔ]

treinta	ткъе итт	[tqʔe ıtt]
treinta y uno	ткхе цхьайтта	[tqe tshajtt]

treinta y dos	ткъе шийтта	[tqʔe ʃɪ:tt]
treinta y tres	ткъе кхойтта	[tqʔe qɔjtt]
cuarenta	шовзткъа	[ʃɔvztqʔ]
cuarenta y uno	шовзткъе цхьаъ	[ʃɔvztqʔe tshɑʔ]
cuarenta y dos	шовзткъе шиъ	[ʃɔvztqʔe ʃɪ]
cuarenta y tres	шовзткъе кхоъ	[ʃɔvztqʔe qɔ]
cincuenta	шовзткъе итт	[ʃɔvztqʔe ɪtt]
cincuenta y uno	шовзткъе цхьайтта	[ʃɔvztqʔe tshɑjtt]
cincuenta y dos	шовзткъе шийтта	[ʃɔvztqʔe ʃɪ:tt]
cincuenta y tres	шовзткъе кхойтта	[ʃɔvztqʔe qɔjtt]
sesenta	кхузткъа	[quztqʔ]
sesenta y uno	кхузткъе цхьаъ	[quztqʔe tshɑʔ]
sesenta y dos	кхузткъе шиъ	[quztqʔe ʃɪʔ]
sesenta y tres	кхузткъе кхоъ	[quztqʔe qɔʔ]
setenta	кхузткъа итт	[quztqʔ ɪtt]
setenta y uno	кхузткъе цхьайтта	[quztqʔe tshɑjtt]
setenta y dos	кхузткъе шийтта	[quztqʔe ʃɪ:tt]
setenta y tres	кхузткъе кхойтта	[quztqʔe qɔjtt]
ochenta	дезткъа	[deztqʔ]
ochenta y uno	дезткъе цхьаъ	[deztqʔe tshɑʔ]
ochenta y dos	дезткъе шиъ	[deztqʔe ʃɪ]
ochenta y tres	дезткъе кхоъ	[deztqʔe qɔ]
noventa	дезткъа итт	[deztqʔ ɪtt]
noventa y uno	дезткъе цхьайтта	[deztqʔe tshɑjtt]
noventa y dos	дезткъе шийтта	[deztqʔe ʃɪ:tt]
noventa y tres	дезткъе кхойтта	[deztqʔe qɔjtt]

5. Números cardinales. Unidad 2

cien	бле	[b'e]
doscientos	ши бле	[ʃɪ b'e]
trescientos	кхо бле	[qɔ b'e]
cuatrocientos	диъ бле	[dɪʔ b'e]
quinientos	пхи бле	[phɪ b'e]
seiscientos	ялх бле	[jalh b'e]
setecientos	ворхl бле	[vɔrh' b'e]
ochocientos	бархl бле	[bɑrh' b'e]
novecientos	исс бле	[ɪss b'e]
mil	эзар	[ɛzɑr]
dos mil	ши эзар	[ʃɪ ɛzɑr]
tres mil	кхо эзар	[qɔ ɛzɑr]
diez mil	итт эзар	[ɪtt ɛzɑr]
cien mil	бле эзар	[b'e 'ɛzɑr]
millón (m)	миллион	[mɪllɪɔn]
mil millones	миллиард	[mɪllɪɑrd]

6. Números ordinales

primero (adj)	хьалхара	[halhar]
segundo (adj)	шолгӀа	[ʃɔlɣ]
tercero (adj)	кхоалгӀа	[qɔalɣ]
cuarto (adj)	доьалгӀа	[dø'alɣ]
quinto (adj)	пхоьлгӀа	[phølɣ]
sexto (adj)	йолхалгӀа	[jolhalɣ]
séptimo (adj)	ворхӀалгӀа	[vɔrh'alɣ]
octavo (adj)	бархӀалгӀа	[barh'alɣ]
noveno (adj)	уьссалгӀа	[ʉssalɣ]
décimo (adj)	итталгӀа	[ɪttalɣ]

7. Números. Fracciones

fracción (f)	дакъалла	[daqʔall]
un medio	шоалгӀачун цхьаъ	[ʃɔalɣatʃun tsha?]
un tercio	кхоалгӀачун цхьаъ	[qɔalɣatʃun tsha?]
un cuarto	доьалгӀачун цхьаъ	[dø'alɣatʃun tsha?]
un octavo	бархӀалгӀачун цхьаъ	[barh'alɣtʃun tsha?]
un décimo	итталгӀачун цхьаъ	[ɪttalɣatʃun tsha?]
dos tercios	кхоалгӀачун шиъ	[qɔalɣatʃun ʃɪ?]
tres cuartos	доьалгӀачун кхоъ	[dø'alɣatʃun qɔ?]

8. Números. Operaciones básicas

sustracción (f)	тӀерадаккхар	[t'eradakqar]
sustraer (vt)	тӀерадаккха	[t'eradakq]
división (f)	декъар	[deqʔar]
dividir (vt)	декъа	[deqʔ]
adición (f)	вовшахтохар	[vɔvʃahtɔhar]
sumar (totalizar)	вовшахтоха	[vɔvʃahtɔh]
adicionar (vt)	тӀетоха	[t'etɔh]
multiplicación (f)	эцар	[ɛtsar]
multiplicar (vt)	эца	[ɛts]

9. Números. Miscelánea

cifra (f)	цифра	[tsɪfr]
número (m) (~ cardinal)	терахь	[terah]
numeral (m)	терахьдош	[terahdɔʃ]
menos (m)	минус	[mɪnus]
más (m)	тӀетоха	[t'etɔh]
fórmula (f)	формула	[fɔrmul]
cálculo (m)	ларар	[larar]
contar (vt)	лара	[lar]

calcular (vt)	лара	[lar]
comparar (vt)	дуста	[dust]
¿Cuánto? (innum.)	Мел?	[mel]
¿Cuánto? (num.)	Маса?	[mas]
suma (f)	жамI	[ʒam']
resultado (m)	хилам	[hɪlam]
resto (m)	бухадиснарг	[buhadɪsnarg]
algunos, algunas ...	масех	[maseh]
poco (adv)	кIезиг	[k'ezɪg]
resto (m)	бухадиснарг	[buhadɪsnarg]
uno y medio	цхьаъ ах	[tsha? 'ah]
docena (f)	цIов	[ts'ɔv]
en dos	шин декъе	[ʃɪn deq?e]
en partes iguales	цхьабосса	[tshabɔss]
mitad (f)	ах	[ah]
vez (f)	цкъа	[tsq?a]

10. Los verbos más importantes. Unidad 1

abrir (vt)	схьаделла	[shadell]
acabar, terminar (vt)	чекхдаккха	[tʃeqdakq]
aconsejar (vt)	хьехам бан	[heham ban]
adivinar (vt)	хаа	[ha'a]
advertir (vt)	дIахьедан	[d'ahedan]
alabarse, jactarse (vr)	куралла ян	[kurall jan]
almorzar (vi)	делкъана хIума яа	[delq?an h'um ja'a]
alquilar (~ una casa)	лаца	[lats]
amenazar (vt)	кхерам тийса	[qeram tɪːs]
arrepentirse (vr)	дагахьбаллам хила	[dagahballam hɪl]
ayudar (vt)	гIо дан	[ɣɔ dan]
bañarse (vr)	лийча	[lɪːtʃ]
bromear (vi)	забарш ян	[zabarʃ jan]
buscar (vt)	леха	[leh]
caer (vi)	охьаэга	[ɔhaeg]
callarse (vr)	къамел ца дан	[q?amel ts dan]
cambiar (vt)	хийца	[hɪːts]
castigar, punir (vt)	таIзар дан	[ta'zar dan]
cavar (vt)	ахка	[ahk]
cazar (vi, vt)	талла эха	[tall ɛh]
cenar (vi)	пхьор дан	[phɔr dan]
cesar (vt)	дIасацо	[d'asatsɔ]
coger (vt)	леца	[lets]
comenzar (vt)	доло	[dɔlɔ]
comparar (vt)	дуста	[dust]
comprender (vt)	кхета	[qet]
confiar (vt)	теша	[teʃ]

confundir (vt)	тило	[tɪlɔ]
conocer (~ a alguien)	довза	[dɔvz]
contar (vt) (enumerar)	лара	[lar]
contar con ...	дагахь хила	[dagah hɪl]
continuar (vt)	дахдан	[dahdan]
controlar (vt)	тӏехьажа	[t'ehaʒ]
correr (vi)	дада	[dad]
costar (vt)	деха	[deh]
crear (vt)	кхолла	[qɔll]

11. Los verbos más importantes. Unidad 2

dar (vt)	дала	[dal]
dar una pista	къедо	[qʔedɔ]
decir (vt)	ала	[al]
decorar (para la fiesta)	хаздан	[hazdan]
defender (vt)	лардан	[lardan]
dejar caer	охьаэго	[ɔhaegɔ]
desayunar (vi)	марта даа	[mart da'a]
descender (vi)	охьадан	[ɔhadan]
dirigir (administrar)	куьйгаллз дан	[kʉjgallz dan]
disculparse (vr)	бехк цабиллар деха	[behk tsabɪllar deh]
discutir (vt)	дийцаре дилла	[dɪːtsare dɪll]
dudar (vt)	шекьхила	[ʃekʲhɪl]
encontrar (hallar)	каро	[karɔ]
engañar (vi, vt)	lexo	['ehɔ]
entrar (vi)	чудахар	[tʃudahar]
enviar (vt)	дӏадахьийта	[d'adahɪːt]
equivocarse (vr)	гӏалатдала	[ɣalatdal]
escoger (vt)	харжар	[harʒar]
esconder (vt)	дӏадилла	[d'adɪll]
escribir (vt)	яздан	[jazdan]
esperar (aguardar)	хьежа	[heʒ]
esperar (tener esperanza)	догдаха	[dɔgdah]
estar de acuerdo	реза хила	[rez hɪl]
estudiar (vt)	Ӏамо	['amɔ]
exigir (vt)	тӏедожо	[t'edɔʒɔ]
existir (vi)	хила	[hɪl]
explicar (vt)	кхето	[qetɔ]
faltar (a las clases)	юкъахдита	[juqʔahdɪt]
firmar (~ el contrato)	куьг тӏаo	[kʉg ta'ɔ]
girar (~ a la izquierda)	дӏадерза	[d'aderz]
gritar (vi)	мохь бетта	[mɔh bett]
guardar (conservar)	лардан	[lardan]
gustar (vi)	хазахета	[hazahet]
hablar (vi, vt)	мотт бийца	[mɔtt bɪːts]

hacer (vt)	дан	[dan]
informar (vt)	информаци ян, хаам бан	[ɪnfɔrmatsɪ jan], [haʼam ban]
insistir (vi)	тӀера ца вала	[tʼer tsa val]
insultar (vt)	сий дайа	[sɪː daj]

interesarse (vr)	довза лаа	[dɔvz laʼa]
invitar (vt)	схьакхайкха	[shaqajq]
ir (a pie)	даха	[dah]
jugar (divertirse)	ловза	[lɔvz]

12. Los verbos más importantes. Unidad 3

leer (vi, vt)	еша	[eʃ]
liberar (ciudad, etc.)	мукъадаккха	[muqʔadakq]
llamar (por ayuda)	кхайкха	[qajq]
llegar (vi)	дан	[dan]
llorar (vi)	делха	[delh]

matar (vt)	ден	[den]
mencionar (vt)	хьахо	[haho]
mostrar (vt)	гайта	[gajt]
nadar (vi)	нека дан	[nek dan]

negarse (vr)	дуьхьал хила	[duhal hɪl]
objetar (vt)	дуьхьал хила	[duhal hɪl]
observar (vt)	тергам бан	[tergam ban]
oír (vt)	хаза	[haz]

olvidar (vt)	дицдала	[dɪtsdal]
orar (vi)	ламаз дан	[lamaz dan]
ordenar (mil.)	омра дан	[ɔmr dan]
pagar (vi, vt)	ахча дала	[ahtʃ dal]
pararse (vr)	саца	[sats]

participar (vi)	дакъа лаца	[daqʔ lats]
pedir (ayuda, etc.)	деха	[deh]
pedir (en restaurante)	заказ ян	[zakaz jan]
pensar (vi, vt)	ойла ян	[ɔjl jan]

percibir (ver)	ган	[gan]
perdonar (vt)	геч дан	[getʃ dan]
permitir (vt)	магийта	[magɪːt]
pertenecer a …	хила	[hɪl]

planear (vt)	план хӀотто	[plan hʼɔttɔ]
poder (v aux)	мага	[mag]
poseer (vt)	хила	[hɪl]
preferir (vt)	гӀоли хета	[ɣɔlɪ het]
preguntar (vt)	хатта	[hatt]

preparar (la cena)	кечдан	[ketʃdan]
prever (vt)	хиндерг хаа	[hɪnderg haʼa]
probar, tentar (vt)	хьажа	[haʒ]
prometer (vt)	вал̇да дан	[vaʼd dan]

pronunciar (vt)	ала	[al]
proponer (vt)	хьахо	[haho]
quebrar (vt)	кегдан	[kegdan]
quejarse (vr)	латкъа	[latq?]
querer (amar)	деза	[dez]
querer (desear)	лаа	[la'a]

13. Los verbos más importantes. Unidad 4

recomendar (vt)	мага дан	[mag dan]
regañar, reprender (vt)	дов дан	[dɔv dan]
reírse (vr)	дела	[del]
repetir (vt)	юхаала	[juha'al]
reservar (~ una mesa)	резервировать ян	[rezerwɪrɔvatⁱ jan]
responder (vi, vt)	жоп дала	[ʒɔp dal]

robar (vt)	лечкъо	[letʃq?ɔ]
saber (~ algo mas)	хаа	[ha'a]
salir (vi)	арадалар	[aradalar]
salvar (vt)	кӏелхьардаккха	[k'elhardakq]
seguir ...	тӏаьхьадаха	[t'æhadah]
sentarse (vr)	охьахаа	[ɔhaha'a]

ser necesario	оьшуш хила	[øʃuʃ hɪl]
ser, estar (vi)	хила	[hɪl]
significar (vt)	маьӏна хила	[mæ'n hɪl]
sonreír (vi)	дела къежа	[del q?eʒ]
sorprenderse (vr)	цецдала	[tsetsdal]

subestimar (vt)	ма-дарра ца лара	[ma darr tsa lar]
tener (vt)	хила	[hɪl]
tener hambre	хӏума яаа лаа	[h'um ja'a la'a]
tener miedo	кхера	[qer]

tener prisa	сихдала	[sɪhdal]
tener sed	мала лаа	[mal la'a]
tirar, disparar (vi)	кхийса	[qɪ:s]
tocar (con las manos)	куьг тоха	[kʉg tɔh]
tomar (vt)	схьаэца	[shaəts]
tomar nota	дӏаяздан	[d'ajazdan]

trabajar (vi)	болх бан	[bɔlh ban]
traducir (vt)	талмажалла дан	[talmaʒall dan]
unir (vt)	цхьанатоха	[tshænatɔh]
vender (vt)	дохка	[dɔhk]
ver (vt)	ган	[gan]
volar (pájaro, avión)	лела	[lel]

14. Los colores

color (m)	бос	[bɔs]
matiz (m)	амат	[amat]

tono (m)	бос	[bɔs]
arco (m) iris	стелаІад	[stelaʻad]

blanco (adj)	кІайн	[kʻajn]
negro (adj)	Іаьржа	[ˈærʒ]
gris (adj)	сира	[sɪr]

verde (adj)	баьццара	[bætsar]
amarillo (adj)	можа	[mɔʒ]
rojo (adj)	цІен	[ʦʻen]

azul (adj)	сийна	[sɪːn]
azul claro (adj)	сийна	[sɪːn]
rosa (adj)	сирла-цІен	[sɪrl ʦʻen]
naranja (adj)	цІехо-можа	[ʦʻeho mɔʒ]
violeta (adj)	цІехо-сийна	[ʦʻeho sɪːn]
marrón (adj)	боьмаша	[bømaʃ]

dorado (adj)	дашо	[daʃo]
argentado (adj)	детиха	[detɪh]

beige (adj)	бежеви	[beʒewɪ]
crema (adj)	беда-можа	[bed mɔʒ]
turquesa (adj)	бирюзан бос	[bɪrʉzan bɔs]
rojo cereza (adj)	баьллийн бос	[bællɪːn bɔs]
lila (adj)	сирла-сийна	[sɪrl sɪːn]
carmesí (adj)	камарийн бос	[kamarɪːn bɔs]

claro (adj)	сирла	[sɪrl]
oscuro (adj)	Іаьржа	[ˈærʒ]
vivo (adj)	къегина	[qʔegɪn]

de color (lápiz ~)	бесара	[besar]
en colores (película ~)	бос болу	[bɔs bɔlu]
blanco y negro (adj)	кІайн-Іаьржа	[kʻajn ˈærʒ]
unicolor (adj)	цхьана бесара	[ʦhan besar]
multicolor (adj)	бес-бесара	[bes besar]

15. Las preguntas

¿Quién?	Мила?	[mɪl]
¿Qué?	ХІун?	[hʻun]
¿Dónde?	Мичахь?	[mɪʧah]
¿Adónde?	Мича?	[mɪʧ]
¿De dónde?	Мичара?	[mɪʧar]
¿Cuándo?	Маца?	[mats]
¿Para qué?	Стенна?	[stenn]
¿Por qué?	ХІунда?	[hʻund]

¿Por qué razón?	Стенан?	[stenan]
¿Cómo?	Муха?	[muha]
¿Qué ...? (~ color)	Муьлха?	[mʉlha]
¿Cuál?	МасалгІа?	[masalɣ]
¿A quién?	Хьанна?	[hann]

¿De quién? (~ hablan ...)	Хьанах лаьцна?	[hanah lætsn]
¿De qué?	Стенах лаьцна?	[stenah lætsn]
¿Con quién?	Хьаьнца?	[hænts]

¿Cuánto? (innum.)	Мел?	[mel]
¿Cuánto? (num.)	Маса?	[mas]
¿De quién? (~ es este ...)	Хьенан?	[henan]

16. Las preposiciones

con ... (~ algn)	цхьан	[tshan]
sin ... (~ azúcar)	доцуш	[dɔtsuʃ]
a ... (p.ej. voy a México)	чу	[tʃu]
antes de ...	хьалха	[halh]
delante de ...	хьалха	[halh]

debajo de ...	кӏел	[k'el]
sobre ..., encima de ...	тӏехула	[t'ehul]
en, sobre (~ la mesa)	тӏехь	[t'eh]

| dentro de ... | даьлча | [dæltʃ] |
| encima de ... | хула | [hul] |

17. Las palabras útiles. Los adverbios. Unidad 1

¿Dónde?	Мичахь?	[mɪtʃah]
aquí (adv)	хьоккхузахь	[hɔkquzah]
allí (adv)	цигахь	[tsɪgah]

| en alguna parte | цхьанхьа-м | [tshanha m] |
| en ninguna parte | цхьаннахьа а | [tshannah a] |

| junto a ... | уллехь | [ulleh] |
| junto a la ventana | кора уллехь | [kɔr ulleh] |

¿A dónde?	Мича?	[mɪtʃ]
aquí (venga ~)	кхузахь	[quzah]
allí (vendré ~)	цига	[tsɪg]
de aquí (adv)	хӏокхузара	[h'ɔkquzar]
de allí (adv)	цигара	[tsɪgar]

| cerca (no lejos) | герга | [gerg] |
| lejos (adv) | гена | [gen] |

cerca de ...	улло	[ullɔ]
al lado (de ...)	юххе	[juhe]
no lejos (adv)	гена доцу	[gen dɔtsu]

izquierdo (adj)	аьрру	[ærru]
a la izquierda (situado ~)	аьрру аґорхьара	[ærru aɣɔrhar]
a la izquierda (girar ~)	аьрру аґор	[ærru aɣɔr]
derecho (adj)	аьтту	[ættu]

a la derecha (situado ~)	аьтту агIорхьара	[ættu aɣɔrhar]
a la derecha (girar)	аьтту агIор	[ættu aɣɔr]
delante (yo voy ~)	хьалха	[halh]
delantero (adj)	хьалхара	[halhar]
adelante (movimiento)	хьалха	[halh]
detrás de ...	тIехьа	[t'eh]
desde atrás	тIаьхьа	[t'æh]
atrás (da un paso ~)	юхо	[juho]
centro (m), medio (m)	юкъ	[juqʔ]
en medio (adv)	юккъе	[jukqʔe]
de lado (adv)	агIор	['aɣɔr]
en todas partes	массанхьа	[massanh]
alrededor (adv)	гонаха	[gɔnah]
de dentro (adv)	чухула	[tʃuhul]
a alguna parte	цхьанхьа	[tshanh]
todo derecho (adv)	нийсса дIа	[nɪːss d'a]
atrás (muévelo para ~)	юха	[juh]
de alguna parte (adv)	миччара а	[mɪtʃar a]
no se sabe de dónde	цхьанхьара	[tshanhar]
primero (adv)	цкъа-делахь	[tsqʔa delah]
segundo (adv)	шолгIа-делахь	[ʃɔlɣ delah]
tercero (adv)	кхоалгIа-делахь	[qɔalɣ delah]
de súbito (adv)	цIеххьана	[ts'ehan]
al principio (adv)	юьхьенца	[juhents]
por primera vez	дуьххьара	[dʉhar]
mucho tiempo antes ...	хьалххе	[halhe]
de nuevo (adv)	юха	[juh]
para siempre (adv)	гуттаренна	[guttarenn]
jamás, nunca (adv)	цкъа а	[tsqʔa 'a]
de nuevo (adv)	кхин цкъа а	[qɪn tsqʔ]
ahora (adv)	хIинца	[h'ɪnts]
frecuentemente (adv)	кест-кеста	[kest kest]
entonces (adv)	хIетахь	[h'etah]
urgentemente (adv)	чехка	[tʃehk]
usualmente (adv)	нехан санна	[nehan sann]
a propósito, ...	шен метта	[ʃən mett]
es probable	тарлун ду	[tarlun du]
probablemente (adv)	хила мегаш хила	[hɪl megaʃ hɪl]
tal vez	хила мега	[hɪl meg]
además ...	цул совнаха, ...	[tsul sɔvnaha]
por eso ...	цундела	[tsundel]
a pesar de ...	делахь а ...	[delah a ...]
gracias a ...	бахьана долуш ...	[bahan dɔluʃ]
qué (pron)	хIун	[h'un]
que (conj)	а	['a]

algo (~ le ha pasado)	цхьаъ-м	[tshɑʔ m]
algo (~ así)	цхьа хIума	[tshɑ hum]
nada (f)	хIумма а дац	[h'umm ɑ dɑts]

quien	мила	[mɪl]
alguien (viene ~)	цхьаъ	[tshɑʔ]
alguien (¿ha llamado ~?)	цхьаъ	[tshɑʔ]

nadie	цхьа а	[tshɑ ɑ]
a ninguna parte	цхьанххьа а	[tshanh ɑ]
de nadie	цхьаьннан а	[tshænnɑn ɑ]
de alguien	цхьаьннан	[tshænnɑn]

tan, tanto (adv)	иштта	[ɪʃtt]
también (~ habla francés)	санна	[sɑnn]
también (p.ej. Yo ~)	а	['ɑ]

18. Las palabras útiles. Los adverbios. Unidad 2

¿Por qué?	ХIунда?	[h'und]
no se sabe porqué	цхьанна-м	[tshannɑ m]
porque ...	цундела	[tsundel]
por cualquier razón (adv)	цхьана хIуманна	[tshɑn humɑnn]

y (p.ej. uno y medio)	а-а	[ə- ə]
o (p.ej. té o café)	я	[jɑ]
pero (p.ej. me gusta, ~)	амма	[ɑmm]

demasiado (adv)	дукха	[duq]
sólo, solamente (adv)	бен	[ben]
exactamente (adv)	нийсса	[nɪ:ss]
unos ..., cerca de ... (~ 10 kg)	герга	[gerg]

aproximadamente	герггарчу хьесапехь	[gerggartʃu hesɑpeh]
aproximado (adj)	герггарчу хьесапера	[gerggartʃu hesɑper]
casi (adv)	гергга	[gergg]
resto (m)	бухадиснарг	[buhadɪsnɑrg]

cada (adj)	хIop	[h'ɔr]
cualquier (adj)	муьлхха а	[mʉlha]
mucho (adv)	дукха	[duq]
muchos (mucha gente)	дуккха а	[dukq ɑ]
todos	дерриг	[derrɪg]

a cambio de ...	цхьана ... хийцина	[tshɑn hɪ:tsɪn]
en cambio (adv)	метта	[mett]
a mano (hecho ~)	куьйга	[kʉjg]
poco probable	те	[te]

probablemente	схьахетарехь	[shahetareh]
a propósito (adv)	хуъушехь	[hyʔuʃeh]
por accidente (adv)	ларамаза	[lɑrɑmɑz]
muy (adv)	чIoaрla	[tʃ'ɔ'ɑɣ]

por ejemplo (adv)	масала	[masal]
entre (~ nosotros)	юккъехь	[jukqʔeh]
entre (~ otras cosas)	юккъехь	[jukqʔeh]
especialmente (adv)	къасттина	[qʔasttɪn]

Conceptos básicos. Unidad 2

19. Los días de la semana

lunes (m)	оршот	[ɔrʃɔt]
martes (m)	шинара	[ʃɪnɑr]
miércoles (m)	кхаара	[qɑ'ɑr]
jueves (m)	еара	[eɑr]
viernes (m)	пІераска	[p'erɑsk]
sábado (m)	шот	[ʃɔt]
domingo (m)	кІиранде	[k'ɪrɑnde]
hoy (adv)	тахана	[tɑhɑn]
mañana (adv)	кхана	[qɑn]
pasado mañana	лама	[lɑm]
ayer (adv)	селхана	[selhɑn]
anteayer (adv)	стомара	[stɔmɑr]
día (m)	де	[de]
día (m) de trabajo	белхан де	[belhɑn de]
día (m) de fiesta	деза де	[dez de]
día (m) de descanso	мукъа де	[muqʔ de]
fin (m) de semana	мукъа денош	[muqʔ denɔʃ]
todo el día	деррига де	[derrɪg de]
al día siguiente	шолгІачу дийнахь	[ʃɔlɣɑt͡ʃu dɪːnɑh]
dos días atrás	ши де хьалха	[ʃɪ de hɑlh]
en vísperas (adv)	де хьалха	[de hɑlh]
diario (adj)	хІор денна хуьлу	[h'ɔr denn hʉlu]
cada día (adv)	хІор денна хуьлу	[h'ɔr denn hʉlu]
semana (f)	кІира	[k'ɪr]
semana (f) pasada	дІадаханчу кІирнахь	[d'ɑdɑhɑnt͡ʃu k'ɪrnɑh]
semana (f) que viene	тІедогІучу кІирнахь	[t'edɔɣut͡ʃu k'ɪrnɑh]
semanal (adj)	хІор кІиранан	[h'ɔr k'ɪrɑnɑn]
cada semana (adv)	хІор кІирна	[h'ɔr k'ɪrn]
2 veces por semana	кІирнахь шозза	[k'ɪrnɑh ʃɔzz]
todos los martes	хІор шинара	[h'ɔr ʃɪnɑr]

20. Las horas. El día y la noche

mañana (f)	Іуьйре	['ʉjre]
por la mañana	Іуьйранна	['ʉjrɑnn]
mediodía (m)	делкъе	[delqʔe]
por la tarde	делкъан тІаьхьа	[delqʔɑn t'æh]
noche (f)	суьйре	[sʉjre]
por la noche	сарахь	[sɑrɑh]

noche (f) (p.ej. 2:00 a.m.)	буьса	[bʉs]
por la noche	буса	[bus]
medianoche (f)	буьйсанан юкъ	[bʉjsanan juq?]
segundo (m)	секунд	[sekund]
minuto (m)	минот	[mɪnɔt]
hora (f)	сахьт	[saht]
media hora (f)	ахсахьт	[ahsaht]
cuarto (m) de hora	сахьтах пхийтта	[sahtah phɪːtt]
quince minutos	15 минот	[phɪːtt mɪnɔt]
veinticuatro horas	де-буьйса	[de bʉjs]
salida (f) del sol	малх схьакхетар	[malh shaqetar]
amanecer (m)	сатасар	[satasar]
madrugada (f)	Iуьйранна хьалххехь	['ʉjrann halheh]
puesta (f) del sol	чубузар	[tʃubuzar]
de madrugada	Iуьйранна хьалххе	['ʉjrann halhe]
esta mañana	тахан Iуьйранна	[tahan 'ʉjrann]
mañana por la mañana	кхана Iуьйранна	[qan 'ʉjrann]
esta tarde	тахана дийнахь	[tahan dɪːnah]
por la tarde	делкъан тIаьхьа	[delq?an t'æh]
mañana por la tarde	кхана делкъан тIаьхьа	[qan delq?an t'æh]
esta noche (p.ej. 8:00 p.m.)	тахана суьйранна	[tahan sʉjrann]
mañana por la noche	кхана суьйранна	[qan sʉjrann]
a las tres en punto	нийсса кхоъ сахьт даьлча	[nɪːss qø? saht dæltʃ]
a eso de las cuatro	диъ сахьт гергга	[dɪ? saht gergg]
para las doce	шийтта сахьт долаж	[ʃɪːtt saht dɔlaʒ]
dentro de veinte minutos	ткъа минот яьлча	[tq? mɪnɔt jæltʃ]
dentro de una hora	цхьа сахьт даьлча	[tsha saht dæltʃ]
a tiempo (adv)	шен хеннахь	[ʃən hennah]
... menos cuarto	сахьтах пхийтта яьлча	[sahtah phɪːtt jæltʃ]
durante una hora	сахьт даллалц	[saht dallalts]
cada quince minutos	хIор пхийтта минот	[h'ɔr phɪːtt mɪnɔt]
día y noche	дуьззина де-буьйса	[dʉzzɪn de bʉjs]

21. Los meses. Las estaciones

enero (m)	январь	[janvar']
febrero (m)	февраль	[fevralj]
marzo (m)	март	[mart]
abril (m)	апрель	[aprelj]
mayo (m)	май	[maj]
junio (m)	июнь	[ɪjunj]
julio (m)	июль	[ɪʉlj]
agosto (m)	август	[avgust]
septiembre (m)	сентябрь	[sent'abr']
octubre (m)	октябрь	[ɔkt'abr']

noviembre (m)	ноябрь	[nɔjabrʲ]
diciembre (m)	декабрь	[dekabrʲ]
primavera (f)	бӏаьсте	[bʼæste]
en primavera	бӏаьста	[bʼæst]
de primavera (adj)	бӏаьстенан	[bʼæstenɑn]
verano (m)	аьхке	[æhke]
en verano	аьхка	[æhk]
de verano (adj)	аьхкенан	[æhkenɑn]
otoño (m)	гуьйре	[gɥjre]
en otoño	гурахь	[gurɑh]
de otoño (adj)	гуьйренан	[gɥjrenɑn]
invierno (m)	ӏа	[ˈɑ]
en invierno	ӏай	[ˈɑj]
de invierno (adj)	ӏаьнан	[ˈænɑn]
mes (m)	бутт	[butt]
este mes	кху баттахь	[qu battɑh]
al mes siguiente	тӏеболу баттахь	[tʼebɔɣu battɑh]
el mes pasado	байна баттахь	[bajn battɑh]
hace un mes	цхьа бутт хьалха	[tsha butt hɑlh]
dentro de un mes	цхьа бутт баьлча	[tsha butt bæltʃ]
dentro de dos meses	ши бутт баьлча	[ʃɪ butt bæltʃ]
todo el mes	беррига бутт	[berrɪg butt]
todo un mes	дийнна бутт	[dɪːnn butt]
mensual (adj)	хӏор беттан	[hˈɔr bettan]
mensualmente (adv)	хӏор баттахь	[hˈɔr battɑh]
cada mes	хӏор бутт	[hˈɔr butt]
dos veces por mes	баттахь 2	[battɑh ʃozz]
año (m)	шо	[ʃɔ]
este año	кхушара	[quʃar]
el próximo año	тӏедоӷучу шарахь	[tʼedɔɣutʃu ʃarah]
el año pasado	стохка	[stɔhk]
hace un año	шо хьалха	[ʃɔ hɑlh]
dentro de un año	шо даьлча	[ʃɔ dæltʃ]
dentro de dos años	ши шо даьлча	[ʃɪ ʃɔ dæltʃ]
todo el año	деррига шо	[derrɪg ʃɔ]
todo un año	дийнна шо	[dɪːnn ʃɔ]
cada año	хӏор шо	[hˈɔr ʃɔ]
anual (adj)	хӏор шеран	[hˈɔr ʃərɑn]
anualmente (adv)	хӏор шарахь	[hˈɔr ʃarah]
cuatro veces por año	шарахь 4	[ʃarah døazz]
fecha (f) (la ~ de hoy es …)	де	[de]
fecha (f) (~ de entrega)	терахь	[terah]
calendario (m)	календарь	[kalendarʲ]
medio año (m)	ахшо	[ahʃɔ]
seis meses	ахшо	[ahʃɔ]

| estación (f) | зам | [zɑm] |
| siglo (m) | оьмар | [ømɑr] |

22. Las unidades de medida

peso (m)	дозалла	[dɔzɑll]
longitud (f)	йохалла	[johɑll]
anchura (f)	шоралла	[ʃɔrɑll]
altura (f)	лакхалла	[lɑqɑll]
profundidad (f)	кӀоргалла	[kʼɔrgɑll]
volumen (m)	дукхалла	[duqɑll]
área (f)	майда	[mɑjd]

gramo (m)	грамм	[grɑmm]
miligramo (m)	миллиграмм	[mɪllɪgrɑmm]
kilogramo (m)	килограмм	[kɪlɔgrɑmm]
tonelada (f)	тонна	[tɔn]
libra (f)	герка	[gerk]
onza (f)	унци	[unt͡sɪ]

metro (m)	метр	[metr]
milímetro (m)	миллиметр	[mɪllɪmetr]
centímetro (m)	сантиметр	[sɑntɪmetr]
kilómetro (m)	километр	[kɪlɔmetr]
milla (f)	миля	[mɪlj]

pulgada (f)	дюйм	[dʉjm]
pie (m)	фут	[fut]
yarda (f)	ярд	[jɑrd]

| metro (m) cuadrado | квадратни метр | [kvɑdrɑtnɪ metr] |
| hectárea (f) | гектар | [gektɑr] |

litro (m)	литр	[lɪtr]
grado (m)	градус	[grɑdus]
voltio (m)	вольт	[vɔljt]
amperio (m)	ампер	[ɑmper]
caballo (m) de fuerza	говран ницкъ	[gɔvrɑn nɪt͡sqʔ]

cantidad (f)	дукхалла	[duqɑll]
un poco de …	кӀезиг	[kʼezɪg]
mitad (f)	ах	[ɑh]

| docena (f) | цӀов | [t͡sʼɔv] |
| pieza (f) | цхьаъ | [t͡shɑʔ] |

| dimensión (f) | барам | [bɑrɑm] |
| escala (f) (del mapa) | масштаб | [mɑsʃtɑb] |

mínimo (adj)	уггар кӀезиг	[uggɑr kʼezɪg]
el más pequeño (adj)	уггара кӀезигаха долу	[uggɑr kʼezɪgɑhɑ dɔlu]
medio (adj)	юккъера	[jukqʔer]
máximo (adj)	уггар дукха	[uggɑr duq]
el más grande (adj)	уггара дукхаха долу	[uggɑr duqɑhɑ dɔlu]

23. Contenedores

tarro (m) de vidrio	банка	[bɑnk]
lata (f) de hojalata	банка	[bɑnk]
cubo (m)	ведар	[wedɑr]
barril (m)	боьшка	[bøʃk]

palangana (f)	тас	[tɑs]
tanque (m)	бак	[bɑk]
petaca (f) (de alcohol)	фляжк	[fljɑʒk]
bidón (m) de gasolina	канистр	[kɑnɪstr]
cisterna (f)	цистерна	[tsɪstern]

taza (f) (mug de cerámica)	кружка	[kruʒk]
taza (f) (~ de café)	кад	[kɑd]
platillo (m)	бошхап	[bɔʃhap]
vaso (m) (~ de agua)	стака	[stɑk]
copa (f) (~ de vino)	кад	[kɑd]
olla (f)	яй	[jɑj]

botella (f)	шиша	[ʃɪʃ]
cuello (m) de botella	бертиг	[bertɪg]

garrafa (f)	сурийла	[surɪːl]
jarro (m) (~ de agua)	кӏудал	[k'udɑl]
recipiente (m)	пхьегӏа	[pheɣ]
tarro (m)	кхаба	[qɑb]
florero (m)	ваза	[vɑz]

frasco (m) (~ de perfume)	флакон	[flakɔn]
frasquito (m)	шиша	[ʃɪʃ]
tubo (m)	тюбик	[tʉbɪk]

saco (m) (~ de azúcar)	гали	[gɑlɪ]
bolsa (f) (~ plástica)	пакет	[pɑket]
paquete (m) (~ de cigarrillos)	ботт	[bɔtt]

caja (f)	гӏутакх	[ɣutɑq]
cajón (m) (~ de madera)	яьшка	[jæʃk]
cesta (f)	тускар	[tuskɑr]

EL SER HUMANO

El ser humano. El cuerpo

24. La cabeza

cabeza (f)	корта	[kɔrt]
cara (f)	юьхь	[juh]
nariz (f)	мара	[mɑr]
boca (f)	бага	[bɑg]
ojo (m)	бӏаьрг	[bˈærg]
ojos (m pl)	бӏаьргаш	[bˈærgɑʃ]
pupila (f)	йолбӏаьрг	[joˈbˈærg]
ceja (f)	цӏоцкъам	[tsˈɔtsqʔɑm]
pestaña (f)	бӏарган негӏарийн чоьш	[bˈɑrgɑn neɣɑrɪːn tʃøʃ]
párpado (m)	бӏаьрганегӏап	[bˈærgɑneɣɑr]
lengua (f)	мотт	[mɔtt]
diente (m)	церг	[tserg]
labios (m pl)	балдаш	[bɑldɑʃ]
pómulos (m pl)	бӏаьрадаьӏахкаш	[bˈæradæˈɑhkɑʃ]
encía (f)	доьлаш	[døløʃ]
paladar (m)	стигал	[stɪgɑl]
ventanas (f pl)	меран ӏуьргаш	[merɑn ˈʉrgɑʃ]
mentón (m)	чӏениг	[tʃˈenɪg]
mandíbula (f)	мочхал	[mɔtʃhɑl]
mejilla (f)	бесни	[besnɪ]
frente (f)	хьаж	[hɑʒ]
sien (f)	лергаюх	[lergɑjuh]
oreja (f)	лерг	[lerg]
nuca (f)	кӏесаркӏаг	[kˈesɑrkˈɑg]
cuello (m)	ворта	[vɔrt]
garganta (f)	къамкъарг	[qʔɑmqʔɑrg]
pelo, cabello (m)	месаш	[mesɑʃ]
peinado (m)	тойина месаш	[tɔjɪn mesɑʃ]
corte (m) de pelo	месаш дӏахедор	[mesɑʃ dˈɑhedɔr]
peluca (f)	парик	[pɑrɪk]
bigote (m)	мекхаш	[meqɑʃ]
barba (f)	маж	[mɑʒ]
tener (~ la barba)	лело	[lelɔ]
trenza (f)	кӏажар	[kˈɑʒɑr]
patillas (f pl)	бакенбардаш	[bɑkenbɑrdɑʃ]
pelirrojo (adj)	хьаьрса	[hærs]
gris, canoso (adj)	къоьжа	[qʔøʒ]

calvo (adj)	кӏунзал	[k'unzal]
calva (f)	кӏунзал	[k'unzal]
cola (f) de caballo	цӏога	[ts'ɔg]
flequillo (m)	кӏужал	[k'uʒal]

25. El cuerpo

mano (f)	тӏара	[t'ɑr]
brazo (m)	куьйг	[kʉjg]
dedo (m)	пӏелг	[p'elg]
dedo (m) pulgar	нана пӏелг	[nɑn p'elg]
dedo (m) meñique	цӏаза-пӏелг	[ts'ɑz p'elg]
uña (f)	мӏара	[m'ɑr]
puño (m)	буй	[buj]
palma (f)	кераюкъ	[kerɑjuqʔ]
muñeca (f)	куьйган хьакхолг	[kʉjgɑn hɑqɔlg]
antebrazo (m)	пхьарс	[phɑrs]
codo (m)	гола	[gɔl]
hombro (m)	белш	[belʃ]
pierna (f)	ког	[kɔg]
planta (f)	коган кӏело	[kɔgɑn k'elɔ]
rodilla (f)	гола	[gɔl]
pantorrilla (f)	пхьид	[phɪd]
cadera (f)	варе	[vɑre]
talón (m)	кӏажа	[k'ɑʒ]
cuerpo (m)	дегӏ	[deɣ]
vientre (m)	гай	[gɑj]
pecho (m)	накха	[nɑq]
seno (m)	накха	[nɑq]
lado (m), costado (m)	агӏо	['ɑɣɔ]
espalda (f)	букъ	[buqʔ]
zona (f) lumbar	хоттарш	[hottɑrʃ]
cintura (f), talle (m)	гӏодаюкъ	[ɣɔdɑjuqʔ]
ombligo (m)	цӏонга	[ts'ɔng]
nalgas (f pl)	хенан маьӏиг	[henɑn mæ'ɪg]
trasero (m)	тӏехье	[t'ehe]
lunar (m)	кӏеда	[k'ed]
marca (f) de nacimiento	минга	[mɪng]
tatuaje (m)	дагар	[dɑgɑr]
cicatriz (f)	мо	[mɔ]

La ropa y los accesorios

26. La ropa exterior. Los abrigos

ropa (f), vestido (m)	бедар	[bedɑr]
ropa (f) de calle	тӀехула юху бедар	[tʼehul juhu bedɑr]
ropa (f) de invierno	Іаьнан барзакъ	[ˈænɑn bɑrzɑq?]
abrigo (m)	пальто	[pɑljtɔ]
abrigo (m) de piel	кетар	[ketɑr]
abrigo (m) corto de piel	йоца кетар	[jots ketɑr]
plumón (m)	месийн гоь	[mesɪːn gø]
cazadora (f)	куртка	[kurtk]
impermeable (m)	плащ	[plɑɕ]
impermeable (adj)	хи чекх ца долу	[hɪ ʧeq tsɑ dɔlu]

27. Men's & women's clothing

camisa (f)	коч	[kɔʧ]
pantalones (m pl)	хеча	[heʧ]
jeans, vaqueros (m pl)	джинсаш	[ʤɪnsɑʃ]
chaqueta (f), saco (m)	пиджак	[pɪʤɑk]
traje (m)	костюм	[kɔstʉm]
vestido (m)	бедар	[bedɑr]
falda (f)	юпка	[jupk]
blusa (f)	блузка	[bluzk]
rebeca (f), chaqueta (f) de punto	кофта	[kɔft]
chaqueta (f)	жакет	[ʒɑket]
camiseta (f) (T-shirt)	футболк	[futbɔlk]
shorts (m pl)	шорташ	[ʃɔrtɑʃ]
traje (m) deportivo	спортан костюм	[spɔrtɑn kɔstʉm]
bata (f) de baño	оба	[ɔb]
pijama (f)	пижама	[pɪʒɑm]
jersey (m), suéter (m)	свитер	[swɪter]
pulóver (m)	пуловер	[pulɔwer]
chaleco (m)	жилет	[ʒɪlet]
frac (m)	фрак	[frɑk]
esmoquin (m)	смокинг	[smɔkɪng]
uniforme (m)	форма	[form]
ropa (f) de trabajo	белхан бедар	[belhɑn bedɑr]
mono (m)	комбинезон	[kɔmbɪnezɔn]
bata (f) (p. ej. ~ blanca)	оба	[ɔb]

28. La ropa. La ropa interior

ropa (f) interior	чухулаюху хIуманаш	[tʃuhulɑjuhu h'umɑnɑʃ]
camiseta (f) interior	майка	[mɑjk]
calcetines (m pl)	пазаташ	[pɑzɑtɑʃ]
camisón (m)	вуьжуш юху коч	[vʉʒuʃ juhu kɔtʃ]
sostén (m)	бюстгалтер	[bʉstgɑlter]
calcetines (m pl) altos	пазаташ	[pɑzɑtɑʃ]
pantimedias (f pl)	колготкаш	[kɔlgɔtkɑʃ]
medias (f pl)	пазаташ	[pɑzɑtɑʃ]
traje (m) de baño	луьйчушъюхург	[lʉjtʃuʔʉhurg]

29. Gorras

gorro (m)	куй	[kuj]
sombrero (m) de fieltro	шляпа	[ʃljɑp]
gorra (f) de béisbol	бейсболк	[bejsbɔlk]
gorra (f) plana	кепка	[kepk]
boina (f)	берет	[beret]
capuchón (m)	бошлакх	[bɔʃlɑq]
panamá (m)	панамка	[pɑnɑmk]
gorro (m) de punto	юьйцина куй	[jujtsɪn kuj]
pañuelo (m)	йовлакх	[jovlɑq]
sombrero (m) de mujer	шляпин цуьрг	[ʃljɑpɪn tsʉrg]
casco (m) (~ protector)	каска	[kɑsk]
gorro (m) de campaña	пилотка	[pɪlɔtk]
casco (m) (~ de moto)	гIем	[ɣem]
bombín (m)	яй	[jɑj]
sombrero (m) de copa	цилиндр	[tsɪlɪndr]

30. El calzado

calzado (m)	мача	[mɑtʃ]
botas (f pl)	батенкаш	[bɑtenkɑʃ]
zapatos (m pl) (~ de tacón bajo)	туфлеш	[tufleʃ]
botas (f pl) altas	эткаш	[ɛtkɑʃ]
zapatillas (f pl)	кIархаш	[k'ɑrhɑʃ]
tenis (m pl)	красовкаш	[krɑsɔvkɑʃ]
zapatillas (f pl) de lona	кеди	[kedɪ]
sandalias (f pl)	сандалеш	[sɑndɑleʃ]
zapatero (m)	эткийн пхьар	[ɛtkɪːn phɑr]
tacón (m)	кIажа	[k'ɑʒ]
par (m)	шиъ	[ʃɪʔ]

cordón (m)	чимчарӀа	[tʃɪmtʃarɣ]
encordonar (vt)	чимчарӀа дӀадехка	[tʃɪmtʃarɣ dʼadehk]
calzador (m)	ӀайГ	[ˈajg]
betún (m)	мачийн крем	[matʃiːn krem]

31. Accesorios personales

guantes (m pl)	карнаш	[karnaʃ]
manoplas (f pl)	каранаш	[karanaʃ]
bufanda (f)	шарф	[ʃarf]
gafas (f pl)	куьзганаш	[kʉzganaʃ]
montura (f)	куьзганийн гура	[kʉzganɪːn gur]
paraguas (m)	зонтик	[zɔntɪk]
bastón (m)	Ӏасалг	[ˈasalg]
cepillo (m) de pelo	щётка	[cʲotk]
abanico (m)	мохтухург	[mɔhtuhurg]
corbata (f)	галстук	[galstuk]
pajarita (f)	галстук-бабочка	[galstuk babɔtʃk]
tirantes (m pl)	доьхкарш	[døhkarʃ]
moquero (m)	мерах хьокху йовлакх	[merah hɔqu jovlaq]
peine (m)	ехк	[ehk]
pasador (m) de pelo	маха	[mah]
horquilla (f)	мӀара	[mʼar]
hebilla (f)	кӀега	[kʼeg]
cinturón (m)	доьхка	[døhk]
correa (f) (de bolso)	бухка	[buhk]
bolsa (f)	тӀормиг	[tʼɔrmɪg]
bolso (m)	тӀормиг	[tʼɔrmɪg]
mochila (f)	рюкзак	[rʉkzak]

32. La ropa. Miscelánea

moda (f)	мода	[mɔd]
de moda (adj)	модехь долу	[mɔdeh dɔlu]
diseñador (m) de moda	модельхо	[mɔdeljho]
cuello (m)	кач	[katʃ]
bolsillo (m)	киса	[kɪs]
de bolsillo (adj)	кисанан	[kɪsanan]
manga (f)	пхьош	[phɔʃ]
presilla (f)	лалам	[lalam]
bragueta (f)	ширинка	[ʃɪrɪnk]
cremallera (f)	догӀа	[dɔɣ]
cierre (m)	туьйдарг	[tʉjdarg]
botón (m)	нуьйда	[nʉjd]
ojal (m)	туьйдарг	[tʉjdarg]

saltar (un botón)	дӏадала	[dʼadal]
coser (vi, vt)	тега	[teg]
bordar (vt)	дага	[dag]
bordado (m)	дагар	[dagar]
aguja (f)	маха	[mah]
hilo (m)	тай	[taj]
costura (f)	эвна	[ɛvn]
ensuciarse (vr)	бехдала	[behdal]
mancha (f)	таммаrла	[tammaɣ]
arrugarse (vr)	хьерча	[hertʃ]
rasgar (vt)	датӏо	[datʼɔ]
polilla (f)	неца	[nets]

33. Productos personales. Cosméticos

pasta (f) de dientes	цергийн паста	[tsergɪːn past]
cepillo (m) de dientes	цергийг щётка	[tsergɪːg ɕotk]
limpiarse los dientes	цергаш цӏанъян	[tsergaʃ tsʼanʔjan]
maquinilla (f) de afeitar	урс	[urs]
crema (f) de afeitar	маж йошуш хьокху крем	[maʒ joʃuʃ hɔqu krem]
afeitarse (vr)	даша	[daʃ]
jabón (m)	саба	[sab]
champú (m)	шампунь	[ʃampunj]
tijeras (f pl)	тукар	[tukar]
lima (f) de uñas	ков	[kɔv]
cortaúñas (m pl)	маӏраш йоху морзах	[maʼraʃ johu mɔrzah]
pinzas (f pl)	пинцет	[pɪntset]
cosméticos (m pl)	косметика	[kɔsmetɪk]
mascarilla (f)	маска	[mask]
manicura (f)	маникюр	[manɪkʉr]
hacer la manicura	маникюр ян	[manɪkʉr jan]
pedicura (f)	педикюр	[pedɪkʉr]
neceser (m) de maquillaje	косметичка	[kɔsmetɪtʃk]
polvos (m pl)	пудра	[pudr]
polvera (f)	пудрадухкург	[pudraduhkurg]
colorete (m), rubor (m)	цӏен басарш	[tsʼen basarʃ]
perfume (m)	духӏи	[duhʼɪ]
agua (f) perfumada	туалетан хи	[tualetan hɪ]
loción (f)	лосьон	[lɔsʼɔn]
agua (f) de colonia	ӏатӏар	[ʼatʼar]
sombra (f) de ojos	тенеш	[teneʃ]
lápiz (m) de ojos	бӏаргах хьокху къолам	[bʼargah hɔqu qʔɔlam]
rímel (m)	тушь	[tuʃ]
pintalabios (m)	балдех хьокху хьаккхар	[baldeh hɔqu haqar]
esmalte (m) de uñas	маӏрат хьокху лак	[maʼrat hɔqu lak]

| fijador (m) (para el pelo) | месашт хьокху лак | [meʃaʃt hɔqu lak] |
| desodorante (m) | дезодарант | [dezɔdarant] |

crema (f)	крем	[krem]
crema (f) de belleza	юьхьах хьокху крем	[juhah hɔqu krem]
crema (f) de manos	куьйгах хьокху крем	[kʉjgah hɔqu krem]
crema (f) antiarrugas	хершнаш дуьхьал крем	[herʃnaʃ dʉhal krem]
de día (adj)	дийнан	[dɪːnan]
de noche (adj)	буьйсанан	[bʉjsanan]

tampón (m)	тампон	[tampɔn]
papel (m) higiénico	хьаштагӀан кехат	[haʃtaɣan kehat]
secador (m) de pelo	месашъякъорг	[mesaʃʰjaqʔɔrg]

34. Los relojes

reloj (m)	пхьаьрсах доьхку сахьт	[phærsah døhku saht]
esfera (f)	циферблат	[tsɪferblat]
aguja (f)	сахьтан цамза	[sahtan tsamz]
pulsera (f)	сахьтан хӀоз	[sahtan h'ɔz]
correa (f) (del reloj)	ремешок	[remeʃɔk]

pila (f)	батарейка	[batarejk]
descargarse (vr)	охьахаа	[ɔhaha'a]
cambiar la pila	хийца	[hɪːts]
adelantarse (vr)	сихадала	[sɪhadal]
retrasarse (vr)	тӀехь лела	[t'eh lel]

reloj (m) de pared	пенах уллу сахьт	[penah ullu saht]
reloj (m) de arena	гӀамаран сахьт	[ɣamaran saht]
reloj (m) de sol	маьлхан сахьт	[mælhan saht]
despertador (m)	сомавоккху сахьт	[sɔmavɔkqu saht]
relojero (m)	сахьтийн пхьар	[sahtɪːn phar]
reparar (vt)	тадан	[tadan]

La comida y la nutrición

35. La comida

carne (f)	жижиг	[ʒɪʒɪg]
gallina (f)	котам	[kɔtam]
pollo (m)	кӏорни	[k'ɔrnɪ]
pato (m)	бад	[bad]
ganso (m)	гӏаз	[ɣaz]
caza (f) menor	экха	[ɛq]
pava (f)	москал-котам	[mɔskal kɔtam]

carne (f) de cerdo	хьакхин жижиг	[haqɪn ʒɪʒɪg]
carne (f) de ternera	эсан жижиг	[ɛsan ʒɪʒɪg]
carne (f) de carnero	уьстагӏан жижиг	[ʉstaɣan ʒɪʒɪg]
carne (f) de vaca	бежанан жижиг	[beʒanan ʒɪʒɪg]
conejo (m)	пхьагал	[phagal]

salchichón (m)	марш	[marʃ]
salchicha (f)	йоьхь	[jøh]
beicon (m)	бекон	[bekɔn]
jamón (m)	дакъийна хьакхин жижиг	[daqʔɪːn haqɪn ʒɪʒɪg]
jamón (m) fresco	хьакхин гӏоргӏ	[haqɪn ɣɔɣ]

paté (m)	паштет	[paʃtet]
hígado (m)	долах	[dɔ'ah]
carne (f) picada	аьхьана жижиг	[æhan ʒɪʒɪg]
lengua (f)	мотт	[mɔtt]

huevo (m)	хӏоа	[h'ɔ'a]
huevos (m pl)	хӏоаш	[h'ɔ'aʃ]
clara (f)	кӏайн хӏоа	[k'ajn h'ɔ'a]
yema (f)	буьйра	[bʉjr]

pescado (m)	чӏара	[tʃ'ar]
mariscos (m pl)	хӏордан сурсаташ	[h'ɔrdan sursataʃ]
caviar (m)	зирх	[zɪrh]

cangrejo (m) de mar	краб	[krab]
camarón (m)	креветка	[krewetk]
ostra (f)	устрица	[ustrɪts]
langosta (f)	лангуст	[langust]
pulpo (m)	бархӏкогберг	[barh'kɔgberg]
calamar (m)	кальмар	[kaljmar]

esturión (m)	иргӏу	[ɪrɣu]
salmón (m)	лосось	[lɔsɔsʲ]
fletán (m)	палтус	[paltus]
bacalao (m)	треска	[tresk]
caballa (f)	скумбри	[skumbrɪ]

atún (m)	тунец	[tunets]
anguila (f)	жӏаьлин чӏара	[ʒ'ælɪn tʃ'ar]
trucha (f)	бакъ чӏара	[baq? tʃ'ar]
sardina (f)	сардина	[sardɪn]
lucio (m)	гӏазкхийн чӏара	[ɣazqɪ:n tʃ'ar]
arenque (m)	сельдь	[seljdʲ]
pan (m)	бепиг	[bepɪg]
queso (m)	нехча	[nehtʃ]
azúcar (m)	шекар	[ʃəkar]
sal (f)	туьха	[tʉh]
arroz (m)	дуга	[dug]
macarrones (m pl)	макаронаш	[makarɔnaʃ]
tallarines (m pl)	гарзанаш	[garzanaʃ]
mantequilla (f)	налха	[nalh]
aceite (m) vegetal	ораматийн даьтта	[ɔramatɪ:n dætt]
aceite (m) de girasol	хӏун даьтта	[h'un dætt]
margarina (f)	маргарин	[margarɪn]
olivas (f pl)	оливкаш	[ɔlɪvkaʃ]
aceite (m) de oliva	оливкан даьтта	[ɔlɪvkan dætt]
leche (f)	шура	[ʃur]
leche (f) condensada	юкъйина шура	[juq?jɪn ʃur]
yogur (m)	йогурт	[jogurt]
nata (f) agria	тӏо	[t'ɔ]
nata (f) líquida	гӏаймакх	[ɣajmaq]
mayonesa (f)	майнез	[majnez]
crema (f) de mantequilla	крем	[krem]
cereal molido grueso	ӏов	['ɔv]
harina (f)	дама	[dam]
conservas (f pl)	консерваш	[kɔnservaʃ]
copos (m pl) de maíz	хьаьжкӏийн чуьппалгаш	[hæʒk'ɪ:n tʃʉppalgaʃ]
miel (f)	моз	[mɔz]
confitura (f)	джем	[dʒem]
chicle (m)	церӏаз	[seɣaz]

36. Las bebidas

agua (f)	хи	[hɪ]
agua (f) potable	молу хи	[mɔlu hɪ]
agua (f) mineral	дарбане хи	[darbane hɪ]
sin gas	газ йоцуш	[gaz jotsuʃ]
gaseoso (adj)	газ тоьхна	[gaz tøhn]
con gas	газ йолуш	[gaz joluʃ]
hielo (m)	ша	[ʃ]
con hielo	ша болуш	[ʃa bɔluʃ]

sin alcohol	алкоголь йоцу	[alkɔgɔlj jotsu]
bebida (f) sin alcohol	алкоголь йоцу маларш	[alkɔgɔlj jotsu malarʃ]
refresco (m)	хьогаллин малар	[hɔgallɪn malar]
limonada (f)	лимонад	[lɪmɔnad]

bebidas (f pl) alcohólicas	алкоголь йолу маларш	[alkɔgɔlj jolu malarʃ]
vino (m)	чагӀар	[tʃaɣar]
vino (m) blanco	кӀай чагӀар	[k'aj tʃaɣar]
vino (m) tinto	цӀен чагӀар	[ts'en tʃaɣar]

licor (m)	ликёр	[lɪk'or]
champaña (f)	шампански	[ʃampanskɪ]
vermú (m)	вермут	[wermut]

whisky (m)	виски	[wɪskɪ]
vodka (m)	къаьракъа	[qʔæraqʔ]
ginebra (f)	джин	[dʒɪn]
coñac (m)	коньяк	[kɔnjak]
ron (m)	ром	[rɔm]

café (m)	къахьо	[qʔahɔ]
café (m) solo	Ӏаьржа къахьо	['ærʒ qʔahɔ]
café (m) con leche	шура тоьхна къахьо	[ʃur tøhn qʔahɔ]
capuchino (m)	гӀаймакх тоьхна къахьо	[ɣajmaq tøhn qʔahɔ]
café (m) soluble	дешаш долу къахьо	[deʃaʃ dolu qʔahɔ]

leche (f)	шура	[ʃur]
cóctel (m)	коктейль	[koktejlj]
batido (m)	шурин коктейль	[ʃurɪn koktejlj]

zumo (m), jugo (m)	мутта	[mutt]
jugo (m) de tomate	помидорийн мутта	[pɔmɪdɔrɪːn mutt]
zumo (m) de naranja	апельсинан мутта	[apeljsɪnan mutt]
zumo (m) fresco	керла йаккха мутта	[kerl jakq mutt]

cerveza (f)	йий	[jɪː]
cerveza (f) rubia	сирла йий	[sɪrl jɪː]
cerveza (f) negra	Ӏаьржа йий	['ærʒ jɪː]

té (m)	чай	[tʃaj]
té (m) negro	Ӏаьржа чай	['ærʒ tʃaj]
té (m) verde	баьццара чай	[bætsar tʃaj]

37. Las verduras

| legumbres (f pl) | хасстоьмаш | [hasstømaʃ] |
| verduras (f pl) | гӀабуц | [ɣabuts] |

tomate (m)	помидор	[pɔmɪdɔr]
pepino (m)	наьрс	[nærs]
zanahoria (f)	жӀонка	[ʒ'ɔnk]
patata (f)	картол	[kartɔl]
cebolla (f)	хох	[hoh]
ajo (m)	саьрмасекх	[særmaseq]

col (f)	копаста	[kɔpast]
coliflor (f)	къорза копаста	[qʔɔrz kɔpast]
col (f) de Bruselas	брюссельски копаста	[brʉsseljskɪ kɔpast]
brócoli (m)	брокколи копаст	[brɔkkɔlɪ kɔpast]

remolacha (f)	бурак	[burak]
berenjena (f)	баклажан	[baklaʒan]
calabacín (m)	кабачок	[kabatʃok]
calabaza (f)	гIабакх	[ɣabaq]
nabo (m)	хорсам	[horsam]

perejil (m)	чам-буц	[tʃam buts]
eneldo (m)	оччам	[ɔtʃam]
lechuga (f)	салат	[salat]
apio (m)	сельдерей	[seljderej]
espárrago (m)	спаржа	[sparʒ]
espinaca (f)	шпинат	[ʃpɪnat]

guisante (m)	кхоьш	[qøʃ]
habas (f pl)	кхоьш	[qøʃ]
maíz (m)	хьаьжкIа	[hæʒk']
fréjol (m)	кхоь	[qø]

pimentón (m)	бурч	[burtʃ]
rábano (m)	цIен хорсам	[ts'en horsam]
alcachofa (f)	артишок	[artɪʃok]

38. Las frutas. Las nueces

fruto (m)	стом	[stɔm]
manzana (f)	Iаж	['aʒ]
pera (f)	кхор	[qor]
limón (m)	лимон	[lɪmɔn]
naranja (f)	апельсин	[apeljsɪn]
fresa (f)	цIазам	[ts'azam]

mandarina (f)	мандарин	[mandarɪn]
ciruela (f)	хьач	[hatʃ]
melocotón (m)	гIammarIa	[ɣammaɣ]
albaricoque (m)	туьрк	[tʉrk]
frambuesa (f)	комар	[kɔmar]
ananás (m)	ананас	[ananas]

banana (f)	банан	[banan]
sandía (f)	хорбаз	[horbaz]
uva (f)	кемсаш	[kemsaʃ]
guinda (f), cereza (f)	балл	[ball]
melón (m)	гIабакх	[ɣabaq]

pomelo (m)	грейпфрут	[grejpfrut]
aguacate (m)	авокадо	[avɔkadɔ]
papaya (f)	папайя	[papaj]
mango (m)	манго	[mangɔ]
granada (f)	гранат	[granat]

grosella (f) roja	цIен кхезарш	[ts'en qezarʃ]
grosella (f) negra	Iаьржа кхезарш	['ærʒ qezarʃ]
grosella (f) espinosa	кIудалгаш	[k'udalgaʃ]
arándano (m)	Iаьржа балл	['ærʒ ball]
zarzamoras (f pl)	мангалкомар	[mangalkɔmar]
pasas (f pl)	кишмаш	[kɪʃmaʃ]
higo (m)	инжир	[ɪnʒɪr]
dátil (m)	хурма	[hurm]
cacahuete (m)	орахис	[ɔrahɪs]
almendra (f)	миндаль	[mɪndalj]
nuez (f)	бочаблар	[bɔtʃab'ar]
avellana (f)	хIунан блар	[h'unan bar]
nuez (f) de coco	кокосови блар	[kɔkɔsɔwɪ b'ar]
pistachos (m pl)	фисташкаш	[fɪstaʃkaʃ]

39. El pan. Los dulces

pasteles (m pl)	кхачанан хIуманаш	[qatʃanan h'umanaʃ]
pan (m)	бепиг	[bepɪg]
galletas (f pl)	пичени	[pɪtʃenɪ]
chocolate (m)	шоколад	[ʃɔkɔlad]
de chocolate (adj)	шоколадан	[ʃɔkɔladan]
caramelo (m)	кемпет	[kempet]
tarta (f) (pequeña)	пирожни	[pɪrɔʒnɪ]
tarta (f) (~ de cumpleaños)	торт	[tɔrt]
pastel (m) (~ de manzana)	чуда	[tʃud]
relleno (m)	чуйоьллинарг	[tʃujøllɪnarg]
confitura (f)	варени	[varenɪ]
mermelada (f)	мармелад	[marmelad]
gofre (m)	вафлеш	[vafleʃ]
helado (m)	морожени	[mɔrɔʒenɪ]

40. Los platos al horno

plato (m)	даар	[da'ar]
cocina (f)	даарш	[da'arʃ]
receta (f)	рецепт	[retsept]
porción (f)	порци	[pɔrtsɪ]
ensalada (f)	салат	[salat]
sopa (f)	чорпа	[tʃɔrp]
caldo (m)	чорпа	[tʃɔrp]
bocadillo (m)	бутерброд	[buterbrɔd]
huevos (m pl) fritos	хIoаш	[h'ɔ'aʃ]
hamburguesa (f)	гамбургер	[gamburger]
bistec (m)	бифштекс	[bɪfʃteks]

Español	Checheno	Pronunciación
guarnición (f)	гарнир	[garnɪr]
espagueti (m)	спагетти	[spagettɪ]
puré (m) de patatas	картолийн худар	[kartolɪːn hudɑr]
pizza (f)	пицца	[pɪts]
gachas (f pl)	худар	[hudɑr]
tortilla (f) francesa	омлет	[ɔmlet]
cocido en agua (adj)	кхехкийна	[qehkɪːn]
ahumado (adj)	кхаьгна	[qæɡn]
frito (adj)	кхерзина	[qerzɪn]
seco (adj)	дакъийна	[daqʔɪːn]
congelado (adj)	гIорийна	[ɣɔrɪːn]
marinado (adj)	берамала доьллина	[beramal døllɪn]
azucarado (adj)	мерза	[merz]
salado (adj)	дуьра	[dʉr]
frío (adj)	шийла	[ʃɪːl]
caliente (adj)	довха	[dɔvh]
amargo (adj)	къаьхьа	[qʔæh]
sabroso (adj)	чоме	[tʃɔme]
cocer en agua	кхехко	[qehkɔ]
preparar (la cena)	кечдан	[ketʃdan]
freír (vt)	кхарза	[qarz]
calentar (vt)	дохдан	[dɔhdan]
salar (vt)	туьха таса	[tʉha tas]
poner pimienta	бурч таса	[burtʃ tas]
rallar (vt)	сатоха	[satɔh]
piel (f)	чкъуьйриг	[tʃqʔʉjrɪɡ]
pelar (vt)	цIанъян	[tsʼanʔjan]

41. Las especias

Español	Checheno	Pronunciación
sal (f)	туьха	[tʉh]
salado (adj)	дуьра	[dʉr]
salar (vt)	туьха таса	[tʉha tas]
pimienta (f) negra	Iаьржа бурч	[ˈærʒ burtʃ]
pimienta (f) roja	цIен бурч	[tsʼen burtʃ]
mostaza (f)	кIолла	[kʼɔll]
rábano (m) picante	кIон орам	[kʼɔn ɔram]
condimento (m)	чамбийриг	[tʃambiːrɪɡ]
especia (f)	мерза юург	[merz juˈurɡ]
salsa (f)	берам	[beram]
vinagre (m)	къонза	[qʔɔnz]
anís (m)	анис	[anɪs]
albahaca (f)	базилик	[bazɪlɪk]
clavo (m)	гвоздика	[ɡvɔzdɪk]
jengibre (m)	Iамбар	[ˈambar]
cilantro (m)	кориандр	[kɔrɪandr]
canela (f)	корица	[kɔrɪts]

sésamo (m)	кунжут	[kunʒut]
hoja (f) de laurel	лавран гӀа	[lavran ɣa]
paprika (f)	паприка	[paprɪk]
comino (m)	циц	[tsɪts]
azafrán (m)	шафран	[ʃafran]

42. Las comidas

comida (f)	даар	[daʼar]
comer (vi, vt)	яаа	[jaʼa]
desayuno (m)	марта	[mart]
desayunar (vi)	марта даа	[mart daʼa]
almuerzo (m)	делкъан кхача	[delqʔan qatʃ]
almorzar (vi)	делкъана хӀума я	[delqʔan hʼum jaʼa]
cena (f)	пхьор	[phɔr]
cenar (vi)	пхьор дан	[phɔr dan]
apetito (m)	аппетит	[appetɪt]
¡Que aproveche!	Ӏоза дойла!	[ɣɔz dɔɪːl]
abrir (vt)	схьаела	[shajel]
derramar (líquido)	Ӏано	[ʼanɔ]
derramarse (líquido)	Ӏана	[ʼan]
hervir (vi)	кхехка	[qehk]
hervir (vt)	кхехко	[qehkɔ]
hervido (agua ~a)	кхехкийна	[qehkɪːn]
enfriar (vt)	шелдан	[ʃəldan]
enfriarse (vr)	шелдала	[ʃəldal]
sabor (m)	чам	[tʃam]
regusto (m)	кхин чам	[qɪn tʃam]
adelgazar (vi)	аздала	[azdal]
dieta (f)	диета	[dɪet]
vitamina (f)	втамин	[vtamɪn]
caloría (f)	калорий	[kalɔrɪː]
vegetariano (m)	дилхазахо	[dɪlhazaho]
vegetariano (adj)	дилхаза	[dɪlhaz]
grasas (f pl)	дилхдаьтта	[dɪlhdætt]
proteínas (f pl)	кӀайн хӀоа	[kʼajn hʼɔʼa]
carbohidratos (m pl)	углеводаш	[uglevɔdaʃ]
loncha (f)	цастар	[tsastar]
pedazo (m)	юьхк	[juhk]
miga (f)	цуьрг	[tsurg]

43. Los cubiertos

cuchara (f)	Ӏайг	[ʼajg]
cuchillo (m)	урс	[urs]

tenedor (m)	мIапа	[mʼar]
taza (f)	кад	[kad]
plato (m)	бошхап	[bɔʃhap]
platillo (m)	бошхап	[bɔʃhap]
servilleta (f)	салфетка	[salfetk]
mondadientes (m)	цергахъIуттург	[tsergahʔəutturg]

44. El restaurante

restaurante (m)	ресторан	[rɔstɔran]
cafetería (f)	кофейни	[kɔfejnɪ]
bar (m)	бар	[bar]
salón (m) de té	чайнан салон	[tʃajnan salɔn]
camarero (m)	официант	[ɔfɪtsɪant]
camarera (f)	официантка	[ɔfɪtsɪantk]
barman (m)	бармен	[barmen]
carta (f), menú (m)	меню	[menʉ]
carta (f) de vinos	чаґIаран карта	[tʃaɣaran kart]
reservar una mesa	стол цхьанна тIехь чIаргIдан	[stɔl tshann tʼeh tʃʼaɣdan]
plato (m)	даар	[daʼar]
pedir (vt)	заказ ян	[zakaz jan]
hacer el pedido	заказ ян	[zakaz jan]
aperitivo (m)	аперетив	[aperetɪv]
entremés (m)	тIекхоллург	[tʼeqɔllurg]
postre (m)	десерт	[desert]
cuenta (f)	счёт	[stʃot]
pagar la cuenta	счётан мах бала	[stʃotan mah bal]
dar la vuelta	юхадогIург дала	[juhadɔɣurg dal]
propina (f)	чайнна хIума	[tʃajnn hʼum]

La familia nuclear, los parientes y los amigos

45. La información personal. Los formularios

nombre (m)	цIе	[tsʼe]
apellido (m)	фамили	[famɪlɪ]
fecha (f) de nacimiento	вина терахь	[wɪn terah]
lugar (m) de nacimiento	вина меттиг	[wɪn mettɪg]
nacionalidad (f)	къам	[qʔam]
domicilio (m)	веха меттиг	[weha mettɪg]
país (m)	мохк	[mɔhk]
profesión (f)	говзалла	[gɔvzall]
sexo (m)	стен-боьршалла	[sten børʃall]
estatura (f)	локхалла	[lɔqall]
peso (m)	дозалла	[dɔzall]

46. Los familiares. Los parientes

madre (f)	нана	[nan]
padre (m)	да	[d]
hijo (m)	воI	[vɔʕ]
hija (f)	йоI	[jɔʕ]
hija (f) menor	жимаха йоI	[ʒɪmaha jɔʕ]
hijo (m) menor	жимаха воI	[ʒɪmaha vɔʕ]
hija (f) mayor	йоккхаха йоI	[jokqaha jɔʕ]
hijo (m) mayor	воккхаха воI	[vɔkqaha vɔʕ]
hermano (m)	ваша	[vaʃ]
hermana (f)	йиша	[jiʃ]
primo (m)	шича	[ʃɪtʃ]
prima (f)	шича	[ʃɪtʃ]
mamá (f)	нана	[nan]
papá (m)	дада	[dad]
padres (m pl)	да-нана	[də nan]
niño -a (m, f)	бер	[ber]
niños (m pl)	бераш	[beraʃ]
abuela (f)	баба	[bab]
abuelo (m)	дада	[dad]
nieto (m)	кIентан, йоIан кIант	[kʼentan], [joʼan kʼant]
nieta (f)	кIентан, йоIан йоI	[kʼentan], [joʼan jɔʕ]
nietos (m pl)	кIентан, йоIан бераш	[kʼentan], [joʼan beraʃ]
tío (m)	ден ваша, ненан ваша	[den vaʃ], [nenan vaʃ]
tía (f)	деца, неца	[dets], [nets]

sobrino (m)	вешин кӏант, йишин кӏант	[weʃɪn k'ant], [jɪʃɪn k'ant]
sobrina (f)	вешин йоӏ, йишин йоӏ	[weʃɪn joʕ], [jɪʃɪn joʕ]
suegra (f)	стуннана	[stunnan]
suegro (m)	марда	[mard]
yerno (m)	нуц	[nuʦ]
madrastra (f)	десте	[deste]
padrastro (m)	ненан майра	[nenan majr]
niño (m) de pecho	декхаш долу бер	[deqaʃ dɔlu ber]
bebé (m)	бер	[ber]
chico (m)	жиманиг	[ʒɪmanɪg]
mujer (f)	зуда	[zud]
marido (m)	майра	[majr]
esposo (m)	майра	[majr]
esposa (f)	сесаг	[sesag]
casado (adj)	зуда ялийна	[zud jalɪːn]
casada (adj)	марехь	[mareh]
soltero (adj)	зуда ялоза	[zud jalɔz]
soltero (m)	зуда йоцург	[zud joʦurg]
divorciado (adj)	йитина	[jɪtɪn]
viuda (f)	жеро	[ʒerɔ]
viudo (m)	жера-стаг	[ʒer stag]
pariente (m)	гергара стаг	[gergar stag]
pariente (m) cercano	юххера гергара стаг	[juher gergar stag]
pariente (m) lejano	генара гергара стаг	[genar gergar stag]
parientes (m pl)	гергара нах	[gergar nah]
huérfano (m), huérfana (f)	бо	[bɔ]
tutor (m)	верас	[weras]
adoptar (un niño)	кӏантан хӏотта	[k'antan h'ɔtt]
adoptar (una niña)	йоьӏан да хӏотта	[jø'an da h'ɔtt]

La medicina

47. Las enfermedades

enfermedad (f)	лазар	[lazar]
estar enfermo	цомгуш хила	[tsɔmguʃ hɪl]
salud (f)	могушалла	[mɔguʃall]
resfriado (m) (coriza)	шелвалар	[ʃəlvalar]
angina (f)	ангина	[angɪn]
resfriado (m)	шелдалар	[ʃəldalar]
resfriarse (vr)	шелдала	[ʃəldal]
bronquitis (f)	бронхит	[brɔnhɪt]
pulmonía (f)	пехашна хьу кхетар	[pehaʃn hu qetar]
gripe (f)	грипп	[grɪpp]
miope (adj)	бlорзагал	[bʼɔrzagal]
présbita (adj)	генара гун	[genar gun]
estrabismo (m)	бlарlапа хилар	[bʼaɣar hɪlar]
estrábico (m) (adj)	бlарlапа	[bʼaɣar]
catarata (f)	бlаьрган марха	[bʼærgan marh]
glaucoma (f)	глаукома	[glaukɔm]
insulto (m)	инсульт	[ɪnsuljt]
ataque (m) cardiaco	дог датlар	[dɔg datʼar]
infarto (m) de miocardio	миокардан инфаркт	[mɪɔkardan ɪnfarkt]
parálisis (f)	энаш лацар	[ɛnaʃ latsar]
paralizar (vt)	энаша лаца	[ɛnaʃ lats]
alergia (f)	аллергий	[allergɪ:]
asma (f)	астма	[astm]
diabetes (m)	диабет	[dɪabet]
dolor (m) de muelas	цергийн лазар	[tsergɪ:n lazar]
caries (f)	кариес	[karɪes]
diarrea (f)	диарея	[dɪarej]
estreñimiento (m)	чо юкъялар	[tʃɔ juq?jalar]
molestia (f) estomacal	чохьлазар	[tʃɔhlazar]
envenenamiento (m)	отравлени	[ɔtravlenɪ]
envenenarse (vr)	кхачанан отравлени	[qatʃanan ɔtravlenɪ]
artritis (f)	артрит	[artrɪt]
raquitismo (m)	рахит-цамгар	[rahɪt tsamgar]
reumatismo (m)	энаш	[ɛnaʃ]
ateroesclerosis (f)	атеросклероз	[aterɔsklerɔz]
gastritis (f)	гастрит	[gastrɪt]
apendicitis (f)	сов йоьхь дестар	[sɔv jøh destar]

colecistitis (m)	холецистит	[holetsɪstɪt]
úlcera (f)	дал	[daʕ]
sarampión (m)	кхартанаш	[qartanaʃ]
rubeola (f)	хьара	[har]
ictericia (f)	маждар	[maʒdar]
hepatitis (f)	гепатит	[gepatɪt]
esquizofrenia (f)	шизофрени	[ʃɪzɔfrenɪ]
rabia (f) (hidrofobia)	хьарадалар	[haradalar]
neurosis (f)	невроз	[nevrɔz]
conmoción (m) cerebral	хье лазор	[he lazɔr]
cáncer (m)	дал	[daʕ]
esclerosis (f)	склероз	[sklerɔz]
esclerosis (m) múltiple	тидаме доцу	[tɪdame dɔtsu]
alcoholismo (m)	алкоголан цамгар	[alkɔgɔlan tsamgar]
alcohólico (m)	алкоголхо	[alkɔgɔlho]
sífilis (f)	ч1урамцамгар	[tʃʼuramtsamgar]
SIDA (f)	СПИД	[spɪd]
tumor (m)	дестар	[destar]
maligno (adj)	кхераме	[qerame]
benigno (adj)	зуламе доцу	[zulame dɔtsu]
fiebre (f)	хорша	[horʃ]
malaria (f)	хорша	[horʃ]
gangrena (f)	гангрена	[gangren]
mareo (m)	х1орд хьахар	[hʼɔrd hahar]
epilepsia (f)	эпилепси	[ɛpɪlepsɪ]
epidemia (f)	ун	[un]
tifus (m)	тиф	[tɪf]
tuberculosis (f)	йовхарийн цамгар	[jovharːn tsamgar]
cólera (f)	чоьнан ун	[tʃønan un]
peste (f)	lаьржа ун	[ˈærʒ un]

48. Los síntomas. Los tratamientos. Unidad 1

síntoma (m)	билгало	[bɪlgalɔ]
temperatura (f)	температура	[temperatur]
fiebre (f)	лекха температур	[leq temperatur]
pulso (m)	синпха	[sɪnph]
mareo (m) (vértigo)	корта хьовзар	[kɔrt hɔvzar]
caliente (adj)	довха	[dɔvh]
escalofrío (m)	шелона дегадар	[ʃəlɔn degadar]
pálido (adj)	беда	[bed]
tos (f)	йовхарш	[jovharʃ]
toser (vi)	йовхарш етта	[jovharʃ ett]
estornudar (vi)	хьоршамаш детта	[horʃamaʃ dett]
desmayo (m)	дог вон хилар	[dɔg vɔn hɪlar]

desmayarse (vr)	дог кӏадделла охьавожа	[dɔg k'addell ɔhavɔʒ]
moradura (f)	ларждарг	['arʒdarg]
chichón (m)	бӏапа	[b'ar]
golpearse (vr)	дӏакхета	[d'aqet]
magulladura (f)	дӏатохар	[d'atɔhar]
magullarse (vr)	дӏакхета	[d'aqet]
cojear (vi)	астагӏлелха	['astaɣlelh]
dislocación (f)	чуьрдаккхар	[tʃɯrdakqar]
dislocar (vt)	чуьрдаккхар	[tʃɯrdakqar]
fractura (f)	кагдалар	[kagdalar]
tener una fractura	кагдар	[kagdar]
corte (m) (tajo)	хадор	[hadɔr]
cortarse (vr)	хада	[had]
hemorragia (f)	цӏий эхар	[tsʼɪː ɛhar]
quemadura (f)	дагор	[dagɔr]
quemarse (vr)	даго	[dagɔ]
pincharse (el dedo)	ӏотта	['ɔtt]
pincharse (vr)	ӏоттадала	['ɔttadal]
herir (vt)	лазо	[lazɔ]
herida (f)	лазор	[lazɔr]
lesión (f) (herida)	чов	[tʃov]
trauma (m)	лазор	[lazɔr]
delirar (vi)	харц лен	[harts len]
tartamudear (vi)	толкха лен	[tɔlq len]
insolación (f)	малх хьахар	[malh hahar]

49. Los síntomas. Los tratamientos. Unidad 2

dolor (m)	лазар	[lazar]
astilla (f)	сирхат	[sɪrhat]
sudor (m)	хьацар	[hatsar]
sudar (vi)	хьацар дала	[hatsar dal]
vómito (m)	ӏеттор	['ettɔr]
convulsiones (f)	пхенаш озор	[phenaʃ ɔzɔr]
embarazada (adj)	берахниг	[berahnɪg]
nacer (vi)	хила	[hɪl]
parto (m)	бер хилар	[ber hɪlar]
dar a luz	бер дар	[ber dar]
aborto (m)	аборт	[abɔrt]
respiración (f)	са дахар	[sa dahar]
inspiración (f)	са чуозар	[sa tʃuɔzar]
espiración (f)	са арахецар	[sa arahetsar]
espirar (vi)	са арахеца	[sa arahets]
inspirar (vi)	са чуоза	[sa tʃuɔz]
inválido (m)	заьӏапхо	[zæ'apho]
mutilado (m)	заьӏапхо	[zæ'apho]

drogadicto (m)	наркоман	[nɑrkɔmɑn]
sordo (adj)	къора	[qʔɔr]
mudo (adj)	мотт ца хуург	[mɔtt tsɑ huʼurg]
sordomudo (adj)	мотт ца хуург	[mɔtt tsɑ huʼurg]
loco (adj)	хьерадьалла	[herɑdʲɑll]
loco (m)	хьераваьлларг	[herɑvællɑrg]
loca (f)	хьерайалларг	[herɑjɑllɑrg]
volverse loco	хьервалар	[hervɑlɑr]
gen (m)	ген	[gen]
inmunidad (f)	иммунитет	[ɪmmunɪtet]
de nacimiento (adj)	вешшехь хилла	[weʃəh hɪll]
virus (m)	вирус	[wɪrus]
microbio (m)	микроб	[mɪkrɔb]
bacteria (f)	бактери	[bɑkterɪ]
infección (f)	инфекци	[ɪnfektsɪ]

50. Los síntomas. Los tratamientos. Unidad 3

hospital (m)	больница	[bɔljnɪts]
paciente (m)	пациент	[pɑtsɪent]
diagnosis (f)	диагноз	[dɪɑgnɔz]
cura (f)	дарбанаш лелор	[dɑrbɑnɑʃ lelɔr]
tratamiento (m)	дарба лелор	[dɑrb lelɔr]
curarse (vr)	дарбанаш лелор	[dɑrbɑnɑʃ lelɔr]
tratar (vt)	дарба лело	[dɑrb lelɔ]
cuidar (a un enfermo)	лело	[lelɔ]
cuidados (m pl)	лелор	[lelɔr]
operación (f)	этIор	[ɛtʼɔr]
vendar (vt)	дIадехка	[dʼɑdehk]
vendaje (m)	йоьхкург	[jøhkurg]
vacunación (f)	маха тохар	[mɑhɑ tɔhɑr]
vacunar (vt)	маха тоха	[mɑhɑ tɔh]
inyección (f)	маха тохар	[mɑhɑ tɔhɑr]
aplicar una inyección	маха тоха	[mɑhɑ tɔh]
amputación (f)	ампутаци	[ɑmputɑtsɪ]
amputar (vt)	дIадаккха	[dʼɑdɑkq]
coma (m)	кома	[kɔm]
estar en coma	коме хила	[kɔme hɪl]
revitalización (f)	реанимаци	[reɑnɪmɑtsɪ]
recuperarse (vr)	тодала	[tɔdɑl]
estado (m) (de salud)	хьал	[hɑl]
consciencia (f)	кхетам	[qetɑm]
memoria (f)	эс	[ɛs]
extraer (un diente)	дIадаккха	[dʼɑdɑkq]
empaste (m)	йома	[jom]

empastar (vt)	йома йилла	[jom jıll]
hipnosis (f)	гипноз	[gıpnɔz]
hipnotizar (vt)	гипноз ян	[gıpnɔz jan]

51. Los médicos

médico (m)	лор	[lɔr]
enfermera (f)	лорйиша	[lɔrjıʃ]
médico (m) personal	шен лор	[ʃen lɔr]

dentista (m)	дантист	[dantıst]
oftalmólogo (m)	окулист	[ɔkulıst]
internista (m)	терапевт	[terapevt]
cirujano (m)	хирург	[hırurg]

psiquiatra (m)	психиатр	[psıhıatr]
pediatra (m)	педиатр	[pedıatr]
psicólogo (m)	психолог	[psıholɔg]
ginecólogo (m)	гинеколог	[gınekɔlɔg]
cardiólogo (m)	кардиолог	[kardıɔlɔg]

52. La medicina. Las drogas. Los accesorios

medicamento (m), droga (f)	молха	[mɔlh]
remedio (m)	дарба	[darb]
prescribir (vt)	дайх диена	[dajh dıen]
receta (f)	рецепт	[retsept]

tableta (f)	буьртиг	[bʉrtıg]
ungüento (m)	хьакхар	[haqar]
ampolla (f)	ампула	[ampul]
mixtura (f), mezcla (f)	микстура	[mıkstur]
sirope (m)	сироп	[sırɔp]
píldora (f)	буьртиг	[bʉrtıg]
polvo (m)	хӏур	[h'ur]

venda (f)	бинт	[bınt]
algodón (m) (discos de ~)	бамба	[bamb]
yodo (m)	йод	[jod]
tirita (f), curita (f)	белхьам	[belham]
pipeta (f)	пипетка	[pıpetk]
termómetro (m)	градусъюстург	[gradus?ʉsturg]
jeringa (f)	маха	[mah]

| silla (f) de ruedas | гӏудалкх | [ɣudalq] |
| muletas (f pl) | ӏасанаш | ['asanaʃ] |

anestésico (m)	лаза ца войту молханаш	[laz tsa vɔjtu mɔlhanaʃ]
purgante (m)	чуьйнадохуьйтург	[tʃʉjnadɔhʉjturg]
alcohol (m)	спирт	[spırt]
hierba (f) medicinal	дарбанан буц	[darbanan buts]
de hierbas (té ~)	бецан	[betsan]

EL AMBIENTE HUMANO

La ciudad

53. La ciudad. La vida en la ciudad

ciudad (f)	гІала	[ɣal]
capital (f)	нана-гІала	[nan ɣal]
aldea (f)	юрт	[jurt]
plano (m) de la ciudad	гІалин план	[ɣalɪn plan]
centro (m) de la ciudad	гІалин юкъ	[ɣalɪn juq?]
suburbio (m)	гІалин йист	[ɣalɪn jɪst]
suburbano (adj)	гІалин йистера	[ɣalɪn jɪster]
arrabal (m)	гІалин йист	[ɣalɪn jɪst]
afueras (f pl)	гІалин гонахе	[ɣalɪn gɔnahe]
barrio (m)	квартал	[kvartal]
zona (f) de viviendas	нах беха квартал	[nah beha kvartal]
tráfico (m)	лелар	[lelar]
semáforo (m)	светофор	[swetɔfɔr]
transporte (m) urbano	гІалара транспорт	[ɣalar transpɔrt]
cruce (m)	галморзе	[galmɔrze]
paso (m) de peatones	галморзе	[galmɔrze]
paso (m) subterráneo	лаьттан бухара дехьаволийла	[læ ttan buhar dehavɔlɪːl]
cruzar (vt)	дехьа вала	[deh val]
peatón (m)	гІашло	[ɣaʃlɔ]
acera (f)	тротуар	[trɔtuar]
puente (m)	тІай	[tʼaj]
muelle (m)	хийист	[hɪːɪst]
fuente (f)	фонтан	[fɔntan]
alameda (f)	аллей	[allej]
parque (m)	беш	[beʃ]
bulevar (m)	бульвар	[buljvar]
plaza (f)	майда	[majd]
avenida (f)	проспект	[prɔspekt]
calle (f)	урам	[uram]
callejón (m)	урамалг	[uramalg]
callejón (m) sin salida	кІажбухе	[kʼaʒbuhe]
casa (f)	цІа	[tsʼa]
edificio (m)	гІишло	[ɣɪʃlɔ]
rascacielos (m)	стигал-бохь	[stɪgal bɔh]
fachada (f)	хьалхе	[halhe]

techo (m)	тхов	[thov]
ventana (f)	кор	[kɔr]
arco (m)	нартол	[nartɔl]
columna (f)	колонна	[kɔlɔn]
esquina (f)	маьӏиг	[mæ'ɪg]

escaparate (f)	витрина	[wɪtrɪn]
letrero (m) (~ luminoso)	гойтург	[gɔjturg]
cartel (m)	афиша	[afɪʃ]
cartel (m) publicitario	рекламан плакат	[reklaman plakat]
valla (f) publicitaria	рекламан у	[reklaman u]

basura (f)	нехаш	[nehaʃ]
cajón (m) de basura	урна	[urn]
tirar basura	нехаш яржо	[nehaʃ jarʒɔ]
basurero (m)	нехаш дӏакхийсуьйла	[nehaʃ d'aqɪːsɥjl]

cabina (f) telefónica	телефонан будка	[telefɔnan budk]
farola (f)	фонаран зӏенар	[fɔnaran z'enar]
banco (m) (del parque)	гӏант	[ɣant]

policía (m)	полици	[pɔlɪʦɪ]
policía (f) (~ nacional)	полици	[pɔlɪʦɪ]
mendigo (m)	сагӏадоьхург	[saɣadøhurg]
persona (f) sin hogar	цӏа доцу	[ʦ'a dɔʦu]

54. Las instituciones urbanas

tienda (f)	туька	[tɥk]
farmacia (f)	аптека	[aptek]
óptica (f)	оптика	[ɔptɪk]
centro (m) comercial	механ центр	[mehan ʦentr]
supermercado (m)	супермаркет	[supermarket]

panadería (f)	сурсатийн туька	[sursatɪːn tɥk]
panadero (m)	пурнхо	[purnhɔ]
pastelería (f)	кондитерски	[kɔndɪterskɪ]
tienda (f) de comestibles	баккхал	[bakqal]
carnicería (f)	жижиг духку туька	[ʒɪʒɪg duhku tɥk]

| verdulería (f) | хасстоьмийн туька | [hasstømɪːn tɥk] |
| mercado (m) | базар | [bazar] |

cafetería (f)	кафе	[kafe]
restaurante (m)	ресторан	[restɔran]
cervecería (f)	йийн туька	[jɪːn tɥk]
pizzería (f)	пиццерий	[pɪʦerɪː]

peluquería (f)	парикмахерски	[parɪkmaherskɪ]
oficina (f) de correos	пошт	[pɔʃt]
tintorería (f)	химцӏандар	[hɪmʦ'andar]
estudio (m) fotográfico	фотоателье	[fɔtɔatelje]
zapatería (f)	мачийн туька	[matʃɪːn tɥk]
librería (f)	книшкийн туька	[knɪʃkɪːn tɥk]

tienda (f) deportiva	спортан туька	[spɔrtɑn tʉk]
arreglos (m pl) de ropa	бедар таяр	[bedɑr tɑjɑr]
alquiler (m) de ropa	бедарийн прокат	[bedɑrɪːn prɔkɑt]
videoclub (m)	фильман прокат	[fɪljmɑn prɔkɑt]

circo (m)	цирк	[ʦɪrk]
zoo (m)	дийнатийн парк	[dɪːnɑtɪːn pɑrk]
cine (m)	кинотеатр	[kɪnɔteɑtr]
museo (m)	музей	[muzej]
biblioteca (f)	библиотека	[bɪblɪɔtek]

teatro (m)	театр	[teɑtr]
ópera (f)	опера	[ɔper]
club (m) nocturno	буьйсанан клуб	[bʉjsɑnɑn klub]
casino (m)	казино	[kɑzɪnɔ]

mezquita (f)	маьждиг	[mæʒdɪg]
sinagoga (f)	синагога	[sɪnɑgɔg]
catedral (f)	килс	[kɪls]
templo (m)	зиярат	[zɪjɑrɑt]
iglesia (f)	килс	[kɪls]

instituto (m)	институт	[ɪnstɪtut]
universidad (f)	университет	[unɪwersɪtet]
escuela (f)	школа	[ʃkɔl]

prefectura (f)	префектур	[prefektur]
alcaldía (f)	мэри	[mɛrɪ]
hotel (m)	хьешийн цIа	[heʃɪːn ʦ'ɑ]
banco (m)	банк	[bɑnk]

embajada (f)	векаллат	[wekɑllɑt]
agencia (f) de viajes	турагенство	[turɑgenstvɔ]
oficina (f) de información	хаттараллин бюро	[hɑttɑrɑllɪn bʉrɔ]
oficina (f) de cambio	хуьицийла	[hʉɪʦɪːl]

| metro (m) | метро | [metrɔ] |
| hospital (m) | больница | [bɔljnɪʦ] |

| gasolinera (f) | бензин дутту колонка | [benzɪn duttu kɔlɔnk] |
| aparcamiento (m) | дIахIоттайойла | [d'ɑh'ɔttɑjojl] |

55. Los avisos

letrero (m) (~ luminoso)	гойтург	[gɔjturg]
cartel (m) (texto escrito)	тIеяздар	[t'ejɑzdɑr]
pancarta (f)	плакат	[plɑkɑt]
signo (m) de dirección	гойтург	[gɔjturg]
flecha (f) (signo)	цамза	[ʦɑmz]

advertencia (f)	лардар	[lɑrdɑr]
aviso (m)	дIахьедар	[d'ɑhedɑr]
advertir (vt)	дIахьедан	[d'ɑhedɑn]
día (m) de descanso	мукъа де	[muqʔ de]

horario (m)	расписани	[raspɪsanɪ]
horario (m) de apertura	белхан сахьташ	[belhan sahtaʃ]
¡BIENVENIDOS!	ДИКАНЦА ДОГIИЙЛА!	[dɪkants dɔɣɪːl]
ENTRADA	ЧУГIОЙЛА	[tʃuɣɔjl]
SALIDA	АРАДОЛИЙЛА	[aradɔlɪːl]
EMPUJAR	ШЕГАРА	[ʃəgar]
TIRAR	ШЕН ТIЕ	[ʃən tʼe]
ABIERTO	ДИЛЛИНА	[dɪllɪn]
CERRADO	КЪОВЛИНА	[qʔɔvlɪn]
MUJERES	ЗУДАРИЙН	[zudarɪːn]
HOMBRES	БОЖАРИЙН	[bɔʒarɪːn]
REBAJAS	МАХ ТIЕРБАККХАР	[mah tʼerbakqar]
SALDOS	ДОЬХКИНА ДIАДАККХАР	[døhkɪn dʼadakqar]
NOVEDAD	КЕРЛАНИГ!	[kerlanɪg]
GRATIS	МАЬХЗА	[mæhz]
¡ATENCIÓN!	ЛАДОГIА!	[ladɔɣ]
COMPLETO	МЕТТИГ ЯЦ	[mettɪg jats]
RESERVADO	ЦХЬАНАН ТIЕХЬ ЧIАГIЙИНА	[tshanan tʼeh tʃʼaɣjɪn]
ADMINISTRACIÓN	АДМИНИСТРАЦИ	[admɪnɪstratsɪ]
SÓLO PERSONAL AUTORIZADO	ПЕРСОНАЛАН БЕ	[persɔnalan be]
CUIDADO CON EL PERRO	ДЕРА ЖIАЬЛА	[der ʒʼæl]
PROHIBIDO FUMAR	ЦИГАЬРКА ОЗА МЕГАШ ДАЦ!	[tsɪgærk ɔz megaʃ dats]
NO TOCAR	КУЬЙГАШ МА ДЕТТА!	[kujgaʃ ma dett]
PELIGROSO	КХЕРАМЕ	[qerame]
PELIGRO	КХЕРАМ	[qeram]
ALTA TENSIÓN	ЛАКХАРЧУ БУЛЛАМАН ТОК	[laqartʃu bullaman tɔk]
PROHIBIDO BAÑARSE	ЛИЙЧА ЦА МЕГА	[lɪːtʃ tsa meg]
NO FUNCIONA	БОЛХ ЦА БО	[bɔlh tsa bɔ]
INFLAMABLE	ЦIЕ КХЕРАМЕ	[tsʼe qerame]
PROHIBIDO	ЦА МЕГА	[tsa meg]
PROHIBIDO EL PASO	ЧЕКХДАЛАР ЦА МЕГА	[tʃeqdalar tsa meg]
RECIÉN PINTADO	БАСАР ХЬАЬКХНА	[basar hæqn]

56. El transporte urbano

autobús (m)	автобус	[avtɔbus]
tranvía (m)	трамвай	[tramvaj]
trolebús (m)	троллейбус	[trɔllejbus]
itinerario (m)	маршрут	[marʃrut]
número (m)	номер	[nɔmer]
ir en …	даха	[dah]

| tomar (~ el autobús) | тIехаа | [t'eha'a] |
| bajar (~ del tren) | охьадосса | [ɔhadɔss] |

parada (f)	социйла	[sɔtsɪːl]
próxima parada (f)	порIепа социйла	[rɔɣer sɔtsɪːl]
parada (f) final	тIаьххьара социйла	[t'æhar sɔtsɪːl]
horario (m)	расписани	[raspɪsanɪ]
esperar (aguardar)	хьежа	[heʒ]

| billete (m) | билет | [bɪlet] |
| precio (m) del billete | билетан мах | [bɪletan mah] |

cajero (m)	кассир	[kassɪr]
control (m) de billetes	контроль	[kɔntrɔlj]
cobrador (m)	контролёр	[kɔntrolʲor]

llegar tarde (vi)	тIаьхьадиса	[t'æhadɪs]
perder (~ el tren)	тIаьхьадиса	[t'æhadɪs]
tener prisa	сихадала	[sɪhadal]

taxi (m)	такси	[taksɪ]
taxista (m)	таксист	[taksɪst]
en taxi	таксин тIехь	[taksɪn t'eh]
parada (f) de taxi	такси дIахIоттайойла	[taksɪ d'ah'ɔttajojl]
llamar un taxi	таксига кхайкха	[taksɪg qajq]
tomar un taxi	такси лаца	[taksɪ lats]

tráfico (m)	урамашкахула лелар	[uramaʃkahul lelar]
atasco (m)	дIадукъар	[d'aduqʔar]
horas (f pl) de punta	юкъъелла хан	[juqʔell han]
aparcar (vi)	машина дIахIоттар	[maʃɪn d'ah'ɔttar]
aparcar (vt)	машина дIахIотто	[maʃɪn d'ah'ɔttɔ]
aparcamiento (m)	дIахIоттайойла	[d'ah'ɔttajojl]

metro (m)	метро	[metrɔ]
estación (f)	станци	[stantsɪ]
ir en el metro	метрохь ваха	[metrɔh vah']
tren (m)	цIерпошт	[tsʼerpɔʃt]
estación (f)	вокзал	[vɔkzal]

57. La exploración del paisaje

monumento (m)	хIоллам	[h'ɔllam]
fortaleza (f)	гIап	[ɣap]
palacio (m)	гIала	[ɣal]
castillo (m)	гIала	[ɣal]
torre (f)	бIов	[b'ɔv]
mausoleo (m)	мавзолей	[mavzɔlej]

arquitectura (f)	архитектура	[arhɪtektur]
medieval (adj)	юккъерчу бIешерийн	[jukqʔertʃu b'eʃərɪːn]
antiguo (adj)	тамашена	[tamaʃən]
nacional (adj)	къаьмнийн	[qʔæmnɪːn]
conocido (adj)	гIарадаьлла	[ɣaradællʲ]

turista (m)	турист	[turɪst]
guía (m) (persona)	гид	[gɪd]
excursión (f)	экскурси	[ɛkskursɪ]
mostrar (vt)	гайта	[gajt]
contar (una historia)	дийца	[dɪːts]
encontrar (hallar)	каро	[karɔ]
perderse (vr)	дан	[dan]
plano (m) (~ de metro)	схема	[shem]
mapa (m) (~ de la ciudad)	план	[plan]
recuerdo (m)	совгlат	[sɔvɣat]
tienda (f) de regalos	совгlатан туька	[sɔvɣatan tʉk]
hacer fotos	сурт даккха	[surt dakq]
fotografiarse (vr)	сурт даккхийта	[surt dakqɪːt]

58. Las compras

comprar (vt)	эца	[ɛts]
compra (f)	эцар	[ɛtsar]
hacer compras	х1уманаш эца	[humanaʃ ɛts]
compras (f pl)	эцар	[ɛtsar]
estar abierto (tienda)	болх бан	[bɔlh ban]
estar cerrado	дlакъовла	[dʼaqʔɔvl]
calzado (m)	мача	[matʃ]
ropa (f), vestido (m)	бедар	[bedar]
cosméticos (m pl)	косметика	[kɔsmetɪk]
productos alimenticios	сурсаташ	[sursataʃ]
regalo (m)	совгlат	[sɔvɣat]
vendedor (m)	йохкархо	[johkarhɔ]
vendedora (f)	йохкархо	[johkarhɔ]
caja (f)	касса	[kass]
espejo (m)	куьзга	[kʉzg]
mostrador (m)	гlопаста	[ɣɔpast]
probador (m)	примерочни	[prɪmerɔtʃnɪ]
probar (un vestido)	тlедуьйхина хьажа	[tʼedʉjhɪn haʒ]
quedar (una ropa, etc.)	гlехьа хила	[ɣeh hɪl]
gustar (vi)	хазахета	[hazahet]
precio (m)	мах	[mah]
etiqueta (f) de precio	махло	[mahlɔ]
costar (vt)	деха	[deh]
¿Cuánto?	Хlун доккху?	[hʼun dɔkqu]
descuento (m)	тlерадаккхар	[tʼeradakqar]
no costoso (adj)	деза доцу	[dez dɔtsu]
barato (adj)	дораха	[dɔrah]
caro (adj)	деза	[dez]
Es caro	Иза механ деза ду.	[ɪz mehan dez du]

alquiler (m)	прокат	[prɔkat]
alquilar (vt)	прокатан схьаэца	[prɔkatan shaəts]
crédito (m)	кредит	[kredɪt]
a crédito (adv)	кредитан	[kredɪtan]

59. El dinero

dinero (m)	ахча	[ahtʃ]
cambio (m)	хийцар	[hɪːtsar]
curso (m)	мах	[mah]
cajero (m) automático	банкомат	[bankɔmat]
moneda (f)	ахча	[ahtʃ]

| dólar (m) | доллар | [dɔllar] |
| euro (m) | евро | [evrɔ] |

lira (f)	лира	[lɪr]
marco (m) alemán	марка	[mark]
franco (m)	франк	[frank]
libra esterlina (f)	стерлингийн фунт	[sterlɪngɪːn funt]
yen (m)	йена	[jen]

deuda (f)	декхар	[deqar]
deudor (m)	декхархо	[deqarhɔ]
prestar (vt)	юхалург дала	[juhalurg dal]
tomar prestado	юхалург эца	[juhalurg ɛts]

banco (m)	банк	[bank]
cuenta (f)	счёт	[stʃ'ot]
ingresar en la cuenta	счёт тӏедилла	[stʃ'ot t'edɪll]
sacar de la cuenta	счёт тӏера схьаэца	[stʃ'ot t'er sha'ɛts]

tarjeta (f) de crédito	кредитан карта	[kredɪtan kart]
dinero (m) en efectivo	карахь долу ахча	[karah dɔlu ahtʃ]
cheque (m)	чек	[tʃek]
sacar un cheque	чёт язъян	[tʃ'ot jaz?jan]
talonario (m)	чекан книшка	[tʃekan knɪʃk]

cartera (f)	бумаьштиг	[bumæʃtɪg]
monedero (m)	бохча	[bɔhtʃ]
caja (f) fuerte	сейф	[sejf]

heredero (m)	верас	[weras]
herencia (f)	диснарг	[dɪsnarg]
fortuna (f)	бахам	[baham]

arriendo (m)	аренда	[arend]
alquiler (m) (dinero)	петаран мах	[petaran mah]
alquilar (~ una casa)	лаца	[lats]

precio (m)	мах	[mah]
coste (m)	мах	[mah]
suma (f)	жамӏ	[ʒam']
gastar (vt)	дайа	[daj]

gastos (m pl)	харжаш	[harʒaʃ]
economizar (vi, vt)	довзо	[dɔvzɔ]
económico (adj)	девзаш долу	[devzaʃ dɔlu]
pagar (vi, vt)	ахча дала	[ahtʃ dal]
pago (m)	алапа далар	[alap dalar]
cambio (m) (devolver el ~)	юхадоӏург	[juhadɔɣurg]
impuesto (m)	налог	[nalɔg]
multa (f)	гӏуда	[ɣud]
multar (vt)	гӏуда тоха	[ɣud tɔh]

60. La oficina de correos

oficina (f) de correos	пошт	[pɔʃt]
correo (m) (cartas, etc.)	пошт	[pɔʃt]
cartero (m)	почтальон	[pɔtʃtaljʲɔn]
horario (m) de apertura	белхан сахьташ	[belhan sahtaʃ]
carta (f)	кехат	[kehat]
carta (f) certificada	заказ дина кехат	[zakaz dɪn kehat]
tarjeta (f) postal	открытк	[ɔtkrɪtk]
telegrama (m)	телеграмма	[telegramm]
paquete (m) postal	посылка	[pɔsɪlk]
giro (m) postal	дӏатесна ахча	[d'atesn ahtʃ]
recibir (vt)	схьаэца	[shaetsa]
enviar (vt)	дӏадахьийта	[d'adahɪ:t]
envío (m)	дӏадахьийтар	[d'adahɪ:tar]
dirección (f)	адрес	[adres]
código (m) postal	индекс	[ɪndeks]
expedidor (m)	дӏадахьийтинарг	[d'adahɪ:tɪnarg]
destinatario (m)	схьаэцархо	[shaetsarhɔ]
nombre (m)	цӏе	[ts'e]
apellido (m)	фамили	[famɪlɪ]
tarifa (f)	тариф	[tarɪf]
ordinario (adj)	гуттарлера	[guttarler]
económico (adj)	кхоаме	[qɔame]
peso (m)	дозалла	[dɔzall]
pesar (~ una carta)	оза	[ɔz]
sobre (m)	ботт	[bɔtt]
sello (m)	марка	[mark]

La vivienda. La casa. El hogar

61. La casa. La electricidad

electricidad (f)	электричество	[ɛlektrɪtʃestvɔ]
bombilla (f)	лампа	[lamp]
interruptor (m)	дlаяйоург	[d'ajajourg]
fusible (m)	тӀус	[t'us]

hilo (m) (~ eléctrico)	сара	[sar]
instalación (f) eléctrica	далор	[dalor]
contador (m) de luz	лоруриг	[lɔrurg]
lectura (f) (~ del contador)	гайтам	[gajtam]

62. La villa. La mansión

casa (f) de campo	гlалил ара цlа	[ɣalɪl 'ar ts'a]
villa (f)	вилла	[wɪll]
ala (f)	арlо	['aɣɔ]

jardín (m)	хасбеш	[hasbeʃ]
parque (m)	беш	[beʃ]
invernadero (m) tropical	оранжерей	[ɔranʒerej]
cuidar (~ el jardín, etc.)	Ӏалашдан	['alaʃdan]

piscina (f)	бассейн	[bassejn]
gimnasio (m)	спортан зал	[spɔrtan zal]
cancha (f) de tenis	теннисан корт	[tenɪsan kɔrt]
sala (f) de cine	кинотеатр	[kɪnɔteatr]
garaje (m)	гараж	[garaʒ]

propiedad (f) privada	долара хьал	[dɔlar hal]
terreno (m) privado	долара хьал	[dɔlar hal]

advertencia (f)	дlахьедар	[d'ahedar]
letrero (m) de aviso	дlахьедаран йоза	[d'ahedaran joz]

seguridad (f)	ха	[h]
guardia (m) de seguridad	хехо	[heho]
alarma (f) antirrobo	хаамбийриг	[ha:mbɪ:rɪg]

63. El apartamento

apartamento (m)	петар	[petar]
habitación (f)	чоь	[tʃø]
dormitorio (m)	дуьйшу чоь	[dujʃu tʃø]

comedor (m)	столови	[stɔlɔwɪ]
salón (m)	хьешан цIа	[heʃan tsʼa]
despacho (m)	кабинет	[kabɪnet]

antecámara (f)	сени	[senɪ]
cuarto (m) de baño	ваннан чоь	[vannan tʃø]
servicio (m)	хьаштагIа	[haʃtaɣ]

techo (m)	тхов	[thov]
suelo (m)	цIенкъа	[tsʼenq?]
rincón (m)	са	[s]

64. Los muebles. El interior

muebles (m pl)	мебель	[mebelj]
mesa (f)	стол	[stɔl]
silla (f)	гIант	[ɣant]
cama (f)	маьнга	[mæng]

| sofá (m) | диван | [dɪvan] |
| sillón (m) | кресло | [kreslɔ] |

| librería (f) | шкаф | [ʃkaf] |
| estante (m) | терхи | [terhɪ] |

armario (m)	шкаф	[ʃkaf]
percha (f)	бедаршъухкург	[bedarʃʔuhkurg]
perchero (m) de pie	бедаршъухкург	[bedarʃʔuhkurg]

| cómoda (f) | комод | [kɔmɔd] |
| mesa (f) de café | журналан стол | [ʒurnalan stɔl] |

espejo (m)	куьзга	[kʉzg]
tapiz (m)	куз	[kuz]
alfombra (f)	кузан цуьрг	[kuzan tsʉrg]

chimenea (f)	товха	[tovh]
candela (f)	чIурам	[tʃʼuram]
candelero (m)	чIурамхIотторг	[tʃʼuramhɔttɔrg]

cortinas (f pl)	штораш	[ʃtɔraʃ]
empapelado (m)	обойш	[ɔbɔjʃ]
estor (m) de láminas	жалюзаш	[ʒalʉzaʃ]

| lámpara (f) de mesa | стоьла тIе хIотто лампа | [støl tʼe hʼɔttɔ lamp] |
| candil (m) | къуьда | [qʔʉd] |

| lámpara (f) de pie | торшер | [tɔrʃər] |
| lámpara (f) de araña | люстра | [lʉstr] |

pata (f) (~ de la mesa)	ког	[kɔg]
brazo (m)	голагIортторг	[gɔlaɣɔrtɔrg]
espaldar (m)	букъ	[buq?]
cajón (m)	яьшка	[jæʃk]

65. Los accesorios de la cama

ropa (f) de cama	чухулаюху хIуманаш	[tʃuhulɑjuhu h'umɑnɑʃ]
almohada (f)	гIайба	[ɣɑjb]
funda (f)	лоччар	[lɔtʃɑr]
manta (f)	юргIа	[jurɣ]
sábana (f)	шаршу	[ʃɑrʃu]
sobrecama (f)	меттан шаршу	[mettɑn ʃɑrʃu]

66. La cocina

cocina (f)	кухни	[kuhnɪ]
gas (m)	газ	[gɑz]
cocina (f) de gas	газан плита	[gɑzɑn plɪt]
cocina (f) eléctrica	электрически плита	[ɛlektrɪtʃeskɪ plɪt]
horno (m)	духовка	[duhovk]
horno (m) microondas	микроволнови пеш	[mɪkrɔvɔlnɔwɪ peʃ]
frigorífico (m)	шелиг	[ʃelɪg]
congelador (m)	морозильник	[mɔrɔzɪljnɪk]
lavavajillas (m)	пхьегIаш йулу машина	[pheɣɑʃ julu mɑʃɪn]
picadora (f) de carne	жижигъохьург	[ʒɪʒɪgʔɔhurg]
exprimidor (m)	муттадоккхург	[muttɑdɔkqurg]
tostador (m)	тостер	[tɔster]
batidora (f)	миксер	[mɪkser]
cafetera (f) (aparato de cocina)	къахьокхехкорг	[qʔɑhɔqehkɔrg]
cafetera (f) (para servir)	къахьокхехкорг	[qʔɑhɔqehkɔrg]
molinillo (m) de café	къахьоахьарг	[qʔɑhɔɑhɑrg]
hervidor (m) de agua	чайник	[tʃɑjnɪk]
tetera (f)	чайник	[tʃɑjnɪk]
tapa (f)	нeгIap	[neɣɑr]
colador (m) de té	цаца	[tsɑts]
cuchara (f)	IaйГ	['ɑjg]
cucharilla (f)	стаканан IайГ	[stɑkɑnɑn 'ɑjg]
cuchara (f) de sopa	аьчка IайГ	['ætʃk 'ɑjg]
tenedor (m)	мIapa	[m'ɑr]
cuchillo (m)	урс	[urs]
vajilla (f)	пхьегIаш	[pheɣɑʃ]
plato (m)	бошхап	[bɔʃhɑp]
platillo (m)	бошхап	[bɔʃhɑp]
vaso (m) de chupito	рюмка	[rʉmk]
vaso (m) (~ de agua)	стака	[stɑk]
taza (f)	кад	[kɑd]
azucarera (f)	шекардухкург	[ʃəkɑrduhkurg]
salero (m)	туьхадухкург	[tʉhɑduhkurg]
pimentero (m)	бурчъюхкург	[burtʃʔʉhkurg]

mantequera (f)	даьттадуьллург	[dættadɵllurg]
cacerola (f)	яй	[jaj]
sartén (f)	зайла	[zajl]
cucharón (m)	чами	[tʃamɪ]
colador (m)	луьттар	[lɵttar]
bandeja (f)	хедар	[hedar]
botella (f)	шиша	[ʃɪʃ]
tarro (m) de vidrio	банка	[bank]
lata (f) de hojalata	банка	[bank]
abrebotellas (m)	схьадоьллург	[shadøllurg]
abrelatas (m)	схьадоьллург	[shadøllurg]
sacacorchos (m)	штопор	[ʃtɔpɔr]
filtro (m)	луьттург	[lɵtturg]
filtrar (vt)	литта	[lɪtt]
basura (f)	нехаш	[nehaʃ]
cubo (m) de basura	нехийн ведар	[nehɪːn wedar]

67. El baño

cuarto (m) de baño	ваннан чоь	[vannan tʃø]
agua (f)	хи	[hɪ]
grifo (m)	кран	[kran]
agua (f) caliente	довха хи	[dɔvha hɪ]
agua (f) fría	шийла хи	[ʃɪːl hɪ]
pasta (f) de dientes	цергийн паста	[tsergɪːn past]
limpiarse los dientes	цергаш цIанъян	[tsergaʃ ts'an?jan]
afeitarse (vr)	даша	[daʃ]
espuma (f) de afeitar	чопа	[tʃɔp]
maquinilla (f) de afeitar	урс	[urs]
lavar (vt)	дила	[dɪl]
darse un baño	дила	[dɪl]
ducha (f)	душ	[duʃ]
darse una ducha	лийча	[lɪːtʃ]
baño (m)	ванна	[van]
inodoro (m)	унитаз	[unɪtaz]
lavabo (m)	раковина	[rakɔwɪn]
jabón (m)	саба	[sab]
jabonera (f)	сабадуьллург	[sabadɵllurg]
esponja (f)	худург	[hudurg]
champú (m)	шампунь	[ʃampunj]
toalla (f)	гата	[gat]
bata (f) de baño	оба	[ɔb]
colada (f), lavado (m)	диттар	[dɪttar]
lavadora (f)	хIуманаш юьтту машина	[h'umanaʃ juttu maʃɪn]

| lavar la ropa | чухулаюху х1уманаш йитта | [tʃuhulɑjuhu h'umɑnɑʃ jɪtt] |
| detergente (m) en polvo | х1уманаш юьтту порошок | [h'umɑnɑʃ juttu pɔrɔʃɔk] |

68. Los aparatos domésticos

televisor (m)	телевизор	[telewɪzɔr]
magnetófono (m)	магнитофон	[mɑgnɪtɔfɔn]
vídeo (m)	видеомагнитофон	[wɪdeɔmɑgnɪtɔfɔn]
radio (f)	приёмник	[prɪjomnɪk]
reproductor (m) (~ MP3)	плеер	[plɛ'er]

proyector (m) de vídeo	видеопроектор	[wɪdeɔprɔektɔr]
sistema (m) home cinema	ц1ахь лело кинотеатр	[ts'ɑh lelɔ kɪnɔteɑtr]
reproductor (m) de DVD	DVD гойтург	[dɪwɪdɪ gɔjturg]
amplificador (m)	ч1ар1дийриг	[tʃ'ɑɣdɪːrɪg]
videoconsola (f)	ловзаран приставка	[lɔvzɑrɑn prɪstɑvk]

cámara (f) de vídeo	видеокамера	[wɪdeɔkɑmer]
cámara (f) fotográfica	фотоаппарат	[fɔtɔɑppɑrɑt]
cámara (f) digital	цифровой фотоаппарат	[tsɪfrɔvɔj fɔtɔɑppɑrɑt]

aspirador (m)	чанъузург	[tʃɑn?uzurg]
plancha (f)	иту	[ɪtu]
tabla (f) de planchar	иту хьокху у	[ɪtu hɔqu u]

teléfono (m)	телефон	[telefɔn]
teléfono (m) móvil	мобильни телефон	[mɔbɪljnɪ telefɔn]
máquina (f) de escribir	зорба туху машина	[zɔrb tuhu mɑʃɪn]
máquina (f) de coser	чарх	[tʃɑrh]

micrófono (m)	микрофон	[mɪkrɔfɔn]
auriculares (m pl)	ладуг1ург1аш	[lɑduɣurgɑʃ]
mando (m) a distancia	пульт	[puljt]

CD (m)	компакт-диск	[kɔmpɑkt dɪsk]
casete (m)	кассета	[kɑsset]
disco (m) de vinilo	пластинка	[plɑstɪnk]

LAS ACTIVIDADES DE LA GENTE

El trabajo. Los negocios. Unidad 1

69. La oficina. El trabajo de oficina

oficina (f)	офис	[ɔfɪs]
despacho (m)	кабинет	[kabɪnet]
recepción (f)	ресепшн	[resepʃn]
secretario (m)	секретарь	[sekretarʲ]
director (m)	директор	[dɪrektɔr]
manager (m)	менеджер	[menedʒer]
contable (m)	бухгалтер	[buhgalter]
colaborador (m)	къинхьегамча	[qʔɪnhegamtʃ]
muebles (m pl)	мебель	[mebelj]
escritorio (m)	стол	[stɔl]
silla (f)	кресло	[kreslɔ]
cajonera (f)	тумбочка	[tumbɔtʃk]
perchero (m) de pie	бедаршъухкург	[bedarʃʔuhkurg]
ordenador (m)	компьютер	[kɔmpjʉter]
impresora (f)	принтер	[prɪnter]
fax (m)	факс	[faks]
fotocopiadora (f)	копи йоккху аппарат	[kɔpɪ jokqu apparat]
papel (m)	кехат	[kehat]
papelería (f)	канцелярин гӀирс	[kantseljarɪn ɣɪrs]
alfombrilla (f) para ratón	кузан цуьрг	[kuzan tsʉrg]
hoja (f) de papel	кехат	[kehat]
carpeta (f)	папка	[papk]
catálogo (m)	каталог	[katalɔg]
directorio (m) telefónico	справочник	[spravɔtʃnɪk]
documentación (f)	документаш	[dɔkumentaʃ]
folleto (m)	брошюра	[brɔʃʉr]
prospecto (m)	кехат	[kehat]
muestra (f)	кеп	[kep]
reunión (f) de formación	Ӏамор	[ˈamɔr]
reunión (f)	кхеташо	[qetaʃɔ]
pausa (f) de almuerzo	делкъана садалар	[delqʔan sadaˈar]
hacer una copia	копи яккха	[kɔpɪ jakq]
hacer copias	даржо	[darʒɔ]
recibir un fax	факс схьаэца	[faks shaets]
enviar un fax	факс дӀайахьийта	[faks dʼajahɪːt]
llamar por teléfono	тоха	[tɔh]

| responder (vi, vt) | жоп дала | [ʒɔp dal] |
| poner en comunicación | зӀе таса | [zʼe tas] |

fijar (~ una reunión)	билгалдан	[bɪlgaldan]
demostrar (vt)	демонстраци ян	[demɔnstratsɪ jan]
estar ausente	ца хила	[tsa hɪl]
ausencia (f)	чекхдалийтар	[tʃeqdalɪːtar]

70. Los métodos de los negocios. Unidad 1

ocupación (f)	гӀуллакх	[ɣullaq]
firma (f)	фирма	[fɪrm]
compañía (f)	компани	[kɔmpanɪ]
corporación (f)	корпораци	[kɔrpɔratsɪ]
empresa (f)	предприяти	[predprɪjatɪ]
agencia (f)	агенство	[agenstvɔ]

acuerdo (m)	барт	[bart]
contrato (m)	чӀагӀам	[tʃʼaɣam]
trato (m), acuerdo (m)	барт	[bart]
pedido (m)	заказ	[zakaz]
condición (f) del contrato	биллам	[bɪllam]

al por mayor (adv)	туьпахь	[tʉpah]
al por mayor (adj)	туьпахь	[tʉpah]
venta (f) al por mayor	туьпахь дохка	[tʉpah dɔhk]
al por menor (adj)	дустуш духку	[dustuʃ duhku]
venta (f) al por menor	узуш дохка	[uzuʃ dɔhk]

competidor (m)	къийсархо	[qʔɪːsarhɔ]
competencia (f)	къийсам	[qʔɪːsam]
competir (vi)	къийса	[qʔɪːs]

| socio (m) | декъашхо | [deqʔaʃhɔ] |
| sociedad (f) | дакъа лацар | [daqʔ latsar] |

crisis (m)	кризис	[krɪzɪs]
bancarrota (f)	банкрот хилар	[bankrɔt hɪlar]
ir a la bancarrota	декхархлахь диса	[deqarlah dɪs]
dificultad (f)	хало	[halɔ]
problema (m)	проблема	[prɔblem]
catástrofe (f)	ирча бохам	[ɪrtʃ bɔham]

economía (f)	экономика	[ɛkɔnɔmɪk]
económico (adj)	экономикин	[ɛkɔnɔmɪkɪn]
recesión (f) económica	экономикин лахдалар	[ɛkɔnɔmɪkɪn lahdalar]

| meta (f) | Ӏалашо | [ˈalaʃɔ] |
| objetivo (m) | декхар | [deqar] |

comerciar (vi)	мах лело	[mah lelɔ]
red (f) (~ comercial)	туьканаш	[tʉknaʃ]
existencias (f pl)	склад	[sklad]
surtido (m)	ассортимент	[assɔrtɪment]

líder (m)	лидер	[lɪder]
grande (empresa ~)	доккха	[dɔkq]
monopolio (m)	монополи	[mɔnɔpɔlɪ]

teoría (f)	теори	[teɔrɪ]
práctica (f)	практика	[praktɪk]
experiencia (f)	зеделларг	[zedellarg]
tendencia (f)	тенденци	[tendentsɪ]
desarrollo (m)	кхиам	[qɪam]

71. Los métodos de los negocios. Unidad 2

| rentabilidad (f) | пайда | [pajd] |
| rentable (adj) | пайдан | [pajdan] |

delegación (f)	векалш	[wekalʃ]
salario (m)	белхан алапа	[belhan alap]
corregir (un error)	нисдан	[nɪsdan]
viaje (m) de negocios	командировка	[kɔmandɪrɔvk]
comisión (f)	комисси	[kɔmɪssɪ]

controlar (vt)	тӏехьажа	[tʼehaʒ]
conferencia (f)	конференци	[kɔnferentsɪ]
licencia (f)	лицензи	[lɪtsenzɪ]
fiable (socio ~)	тешаме	[teʃame]

iniciativa (f)	дӏадолор	[dʼadɔlɔr]
norma (f)	барам	[baram]
circunstancia (f)	хьал	[hal]
deber (m)	декхар	[deqar]

empresa (f)	организаци	[ɔrganɪzatsɪ]
organización (f) (proceso)	вовшахтохар	[vɔvʃahtɔhar]
organizado (adj)	вовшахкхетта	[vɔvʃahqett]
anulación (f)	дӏадакхар	[dʼadakqar]
anular (vt)	дӏадакха	[dʼadakq]
informe (m)	отчёт	[ɔttʃʼot]

patente (m)	патент	[patent]
patentar (vt)	патент ян	[patent jan]
planear (vt)	план хӏотто	[plan hʼɔttɔ]

premio (m)	совгӏат	[sɔvɣat]
profesional (adj)	корматаллин	[kɔrmatallɪn]
procedimiento (m)	кеп	[kep]

examinar (vt)	къасто	[qʔastɔ]
cálculo (m)	ларар	[larar]
reputación (f)	репутаци	[reputatsɪ]
riesgo (m)	кхерам	[qeram]

dirigir (administrar)	куьйгаллз дан	[kyjgallz dan]
información (f)	хабар	[habar]
propiedad (f)	долалла	[dɔlall]

unión (f)	барт	[bart]
seguro (m) de vida	дахаран страховани яр	[daharan strahovanɪ jar]
asegurar (vt)	страховани ян	[strahovanɪ jan]
seguro (m)	страховка	[strahovk]

subasta (f)	кхайкхош дохкар	[qɑjqɔʃ dɔhkar]
notificar (informar)	дӀахаийта	[dˈahaɪːt]
gestión (f)	лелор	[lelɔr]
servicio (m)	гӀуллакх	[ɣullɑq]

foro (m)	гулам	[gulam]
funcionar (vi)	болх бан	[bɔlh ban]
etapa (f)	мур	[mur]
jurídico (servicios ~s)	юридически	[jurɪdɪʧeskɪ]
jurista (m)	юрист	[jurɪst]

72. La producción. Los trabajos

planta (f)	завод	[zavɔd]
fábrica (f)	фабрика	[fabrɪk]
taller (m)	цех	[ʦeh]
planta (f) de producción	производство	[prɔɪzvɔdstvɔ]

industria (f)	промышленность	[prɔmɪʃlenɔstʲ]
industrial (adj)	промышленни	[prɔmɪʃlenɪ]
industria (f) pesada	еза промышленность	[ez prɔmɪʃlenɔstʲ]
industria (f) ligera	яйн промышленность	[jajn prɔmɪʃlenɔstʲ]

producción (f)	сурсат	[sursat]
producir (vt)	дан	[dan]
materias (f pl) primas	аьргалла	[ærgall]

jefe (m) de brigada	бригадир	[brɪgadɪr]
brigada (f)	бригада	[brɪgad]
obrero (m)	белхало	[belhalɔ]

día (m) de trabajo	белхан де	[belhan de]
descanso (m)	садаӀар	[sadaˈar]
reunión (f)	гулам	[gulam]
discutir (vt)	дийцаре дилла	[dɪːʦare dɪll]

plan (m)	план	[plan]
cumplir el plan	план кхочушян	[plan qɔʧuʃan]
tasa (f) de producción	барам	[baram]
calidad (f)	дикалла	[dɪkall]
revisión (f)	контроль	[kɔntrɔlj]
control (m) de calidad	дикаллан контроль	[dɪkallan kɔntrɔlj]

seguridad (f) de trabajo	белхан кхерамзалла	[belhan qeramzall]
disciplina (f)	низам	[nɪzam]
infracción (f)	дохор	[dɔhɔr]
violar (las reglas)	дохо	[dɔhɔ]
huelga (f)	забастовка	[zabastɔvk]
huelguista (m)	забастовкахо	[zabastɔvkahɔ]

estar en huelga	забастовка ян	[zabastɔvk jan]
sindicato (m)	профсоюз	[prɔfsɔjuz]
inventar (máquina, etc.)	кхолла	[qɔll]
invención (f)	кхоллар	[qɔllar]
investigación (f)	таллар	[tallar]
mejorar (vt)	тадан	[tadan]
tecnología (f)	технологи	[tehnɔlɔgɪ]
dibujo (m) técnico	чертёж	[tʃertʲoʒ]
cargamento (m)	мохь	[mɔh]
cargador (m)	киранча	[kɪrantʃ]
cargar (camión, etc.)	тӏедотта	[tʼedott]
carga (f) (proceso)	тӏедоттар	[tʼedottar]
descargar (vt)	дассо	[dassɔ]
descarga (f)	дассор	[dassɔr]
transporte (m)	транспорт	[transpɔrt]
compañía (f) de transporte	транспортан компани	[transpɔrtan kɔmpanɪ]
transportar (vt)	дӏакхехьа	[dʼaqeh]
vagón (m)	вагон	[vagɔn]
cisterna (f)	цистерна	[tsɪstern]
camión (m)	киранийн машина	[kɪranɪːn maʃɪn]
máquina (f) herramienta	станок	[stanɔk]
mecanismo (m)	механизм	[mehanɪzm]
desperdicios (m pl)	даххаш	[dahaʃ]
empaquetado (m)	дӏахьарчор	[dʼahartʃor]
embalar (vt)	дӏахьарчо	[dʼahartʃɔ]

73. El contrato. El acuerdo

contrato (m)	чӏарлам	[tʃʼaɣam]
acuerdo (m)	барт	[bart]
anexo (m)	тӏедалар	[tʼedalar]
firmar un contrato	чӏарлам бан	[tʃʼaɣam ban]
firma (f) (nombre)	куьг	[kʉg]
firmar (vt)	куьг таӏо	[kʉg taʼɔ]
sello (m)	мухӏар	[muhʼar]
objeto (m) del acuerdo	договаран хӏума	[dɔgɔvaran hʼum]
cláusula (f)	пункт	[punkt]
partes (f pl)	агӏонаш	[ʼaɣɔnaʃ]
domicilio (m) legal	юридически адрес	[jurɪdɪtʃeskɪ adres]
violar el contrato	контракт дохо	[kɔntrakt dɔhɔ]
obligación (f)	тӏелацам	[tʼelatsam]
responsabilidad (f)	жоьпалла	[ʒøpall]
fuerza mayor (f)	форс-мажор	[fɔrs maʒɔr]
disputa (f)	къовсам	[qʔɔvsam]
penalidades (f pl)	гӏуданан санкциш	[ɣudanan sanktsɪʃ]

74. Importación y Exportación

importación (f)	импорт	[ɪmpɔrt]
importador (m)	импортхо	[ɪmpɔrtho]
importar (vt)	импорт ян	[ɪmpɔrt jan]
de importación (adj)	импортан	[ɪmpɔrtan]

exportador (m)	экспортхо	[ɛkspɔrtho]
exportar (vt)	экспорт ян	[ɛkspɔrt jan]

mercancía (f)	товар	[tɔvar]
lote (m) de mercancías	жут	[ʒut]

peso (m)	дозалла	[dɔzall]
volumen (m)	дукхалла	[duqall]
metro (m) cúbico	кубически метр	[kubɪʧeskɪ metr]

productor (m)	арахоьцург	[arahøtsurg]
compañía (f) de transporte	транспортан компани	[transpɔrtan kɔmpanɪ]
contenedor (m)	контейнер	[kɔntejner]

frontera (f)	доза	[dɔz]
aduana (f)	таможни	[tamɔʒnɪ]
derechos (m pl) arancelarios	таможнин ял	[tamɔʒnɪn jal]
aduanero (m)	таможхо	[tamɔʒho]
contrabandismo (m)	контрабанда	[kɔntraband]
contrabando (m)	контрабанда	[kɔntraband]

75. Las finanzas

acción (f)	акци	[aktsɪ]
bono (m), obligación (f)	облигаци	[ɔblɪgatsɪ]
letra (f) de cambio	вексель	[wekselj]

bolsa (f)	биржа	[bɪrʒ]
cotización (f) de valores	акцин мах	[aktsɪn mah]

abaratarse (vr)	дайдала	[dajdal]
encarecerse (vr)	даздала	[dazdal]

interés (m) mayoritario	контролан пакет	[kɔntrɔlan paket]
inversiones (f pl)	инвестици	[ɪnwestɪtsɪ]
invertir (vi, vt)	инвестици ян	[ɪnwestɪtsɪ jan]
porcentaje (m)	процент	[prɔtsent]
interés (m)	ял	[jal]

beneficio (m)	пайда	[pajd]
beneficioso (adj)	пайде	[pajde]
impuesto (m)	налог	[nalɔg]

divisa (f)	валюта	[valʉt]
nacional (adj)	къаьмнийн	[qʔæmnɪːn]
cambio (m)	хийцар	[hɪːtsar]

contable (m)	бухгалтер	[buhgalter]
contaduría (f)	бухгалтери	[buhgalterı]
bancarrota (f)	банкрот хилар	[bankrɔt hılar]
quiebra (f)	хӀаллакъхилар	[h'allaq?ılar]
ruina (f)	даьлкъаздаккхар	[dæq?azdakqar]
arruinarse (vr)	даьлкъаздала	[dæq?azdal]
inflación (f)	инфляци	[ınfljatsı]
devaluación (f)	девальваци	[devaljvatsı]
capital (m)	капитал	[kapıtal]
ingresos (m pl)	пайда	[pajd]
volumen (m) de negocio	го баккхар	[gɔ bakqar]
recursos (m pl)	тӀаьхьалонаш	[t'æhalɔnaʃ]
recursos (m pl) monetarios	ахча	[ahtʃ]
reducir (vt)	жимдан	[ʒımdan]

76. La mercadotecnia

mercadotecnia (f)	маркетинг	[marketıng]
mercado (m)	рынок	[rınɔk]
segmento (m) del mercado	рынкан сегмент	[rınkan segment]
producto (m)	сурсат	[sursat]
mercancía (f)	товар	[tɔvar]
marca (f)	бренд	[brend]
marca (f) comercial	механ марка	[mehan mark]
logotipo (m)	фирмин хьаьрк	[fırmın hærk]
logo (m)	логотип	[lɔgɔtıp]
demanda (f)	хьашт хилар	[haʃt hılar]
oferta (f)	предложени	[predlɔʒenı]
necesidad (f)	хьашто	[haʃtɔ]
consumidor (m)	хьаштхо	[haʃthɔ]
análisis (m)	анализ	[analız]
analizar (vt)	анализ ян	[analız jan]
posicionamiento (m)	позиционировани	[pɔzıtsıɔnırɔvanı]
posicionar (vt)	позиционировать ян	[pɔzıtsıɔnırɔvat' jan]
precio (m)	мах	[mah]
política (f) de precios	механ политика	[mehan pɔlıtık]
formación (m) de precios	мах хилар	[mah hılar]

77. La publicidad

publicidad (f)	реклама	[reklam]
publicitar (vt)	реклама ян	[reklam jan]
presupuesto (m)	бюджет	[bʉdʒet]
anuncio (m) publicitario	кхайкхор	[qajqɔr]
publicidad (f) televisiva	телереклама	[telereklam]

publicidad (f) radiofónica   радион реклама   [radɪɔn reklam]
publicidad (f) exterior   арахьара реклама   [arahar reklam]

medios (m pl) de comunicación de masas   массийн хааман гӀирс   [massi:n ha:man ɣɪrs]
periódico (m)   муьран арахецнарг   [mʉran arahetsnarg]
imagen (f)   имидж   [ɪmɪdʒ]

consigna (f)   лозунг   [lɔzung]
divisa (f)   девиз   [dewɪz]

campaña (f)   кампани   [kampanɪ]
campaña (f) publicitaria   рекламан кампани   [reklaman kampanɪ]
auditorio (m) objetivo   ӀалашонаН аудитори   ['alaʃɔnan 'audɪtɔrɪ]

tarjeta (f) de visita   визитан карта   [wɪzɪtan kart]
prospecto (m)   кехат   [kehat]
folleto (m)   брошюра   [brɔʃʉr]
panfleto (m)   буклет   [buklet]
boletín (m)   бюллетень   [bʉlletenj]

letrero (m) (~ luminoso)   гойтург   [gɔjturg]
pancarta (f)   плакат   [plakat]
valla (f) publicitaria   рекламан у   [reklaman u]

78. La banca

banco (m)   банк   [bank]
sucursal (f)   отделени   [ɔtdelenɪ]

asesor (m) (~ fiscal)   консультант   [kɔnsuljtant]
gerente (m)   урхалхо   [urhalho]

cuenta (f)   счёт   [stʃot]
numero (m) de la cuenta   чотан номер   [tʃotan nɔmer]
cuenta (f) corriente   карара чот   [karar tʃot]
cuenta (f) de ahorros   накопительни чот   [nakɔpɪteljnɪ tʃot]

abrir una cuenta   чот схьайелла   [tʃɔt shajell]
cerrar la cuenta   чот дӀакъовла   [tʃɔt d'aqʔɔvl]
ingresar en la cuenta   счёт тӀедилла   [stʃot t'edɪll]
sacar de la cuenta   счёт тӀера схьаэца   [stʃot t'er sha'ɛts]

depósito (m)   диллар   [dɪllar]
hacer un depósito   дилла   [dɪll]
giro (m) bancario   дахьийтар   [dahɪ:tar]
hacer un giro   дахьийта   [dahɪ:t]

suma (f)   жамӀ   [ʒam']
¿Cuánto?   Мел?   [mel]

firma (f) (nombre)   куьг   [kʉg]
firmar (vt)   куьг тӀало   [kʉg ta'ɔ]
tarjeta (f) de crédito   кредитан карта   [kredɪtan kart]

código (m)	код	[kɔd]
número (m) de tarjeta de crédito	кредитан картан номер	[kredɪtan kartan nɔmer]
cajero (m) automático	банкомат	[bankɔmat]
cheque (m)	чек	[tʃek]
sacar un cheque	чек язъян	[tʃek jaz?jan]
talonario (m)	чекан книшка	[tʃekan knɪʃk]
crédito (m)	кредит	[kredɪt]
pedir el crédito	кредит дехар	[kredɪt dehar]
obtener un crédito	кредит эца	[kredɪt ɛts]
conceder un crédito	кредит далар	[kredɪt dalar]
garantía (f)	юкъархилар	[juq?arhɪlar]

79. El teléfono. Las conversaciones telefónicas

teléfono (m)	телефон	[telefɔn]
teléfono (m) móvil	мобильни телефон	[mɔbɪljnɪ telefɔn]
contestador (m)	автоответчик	[avtə'otwetʃɪk]
llamar, telefonear	детта	[dett]
llamada (f)	горгали	[gɔrgalɪ]
marcar un número	номер эца	[nɔmer ɛts]
¿Sí?, ¿Dígame?	Алло!	[allɔ]
preguntar (vt)	хатта	[hatt]
responder (vi, vt)	жоп дала	[ʒɔp dal]
oír (vt)	хаза	[haz]
bien (adv)	дика ду	[dɪk du]
mal (adv)	вон ду	[vɔn du]
ruidos (m pl)	новкъарлонаш	[nɔvq?arlɔnaʃ]
auricular (m)	луьлла	[lʉll]
descolgar (el teléfono)	луьлла эца	[lʉll ɛts]
colgar el auricular	луьлла охьайилла	[lʉll ɔhajɪll]
ocupado (adj)	мукъа доцу	[muq? dɔtsu]
sonar (teléfono)	етта	[ett]
guía (f) de teléfonos	телефонан книга	[telefɔnan knɪg]
llamada (f) local	меттигара	[mettɪgar]
de larga distancia	гӀаланашна юккъера	[ɣalanaʃn jukq?er]
internacional (adj)	гӀаланашна юккъера	[ɣalanaʃn jukq?er]

80. El teléfono celular

teléfono (m) móvil	мобильни телефон	[mɔbɪljnɪ telefɔn]
pantalla (f)	дисплей	[dɪsplej]
botón (m)	кнопка	[knɔpk]
tarjeta SIM (f)	SIM-карта	[sɪm kart]

pila (f)	батарей	[batarej]
descargarse (vr)	кхачадала	[qatʃadal]
cargador (m)	юзаран гӀирс	[juzaran ɣɪrs]

menú (m)	меню	[menʉ]
preferencias (f pl)	настройкаш	[nastrɔjkaʃ]
melodía (f)	мукъам	[muqʔam]
seleccionar (vt)	харжа	[harʒ]

calculadora (f)	калькулятор	[kaljkuljatɔr]
contestador (m)	автоответчик	[avtə'otwetʃɪk]
despertador (m)	сомавоккху сахьт	[sɔmavɔkqu saht]
contactos (m pl)	телефонан книга	[telefɔnan knɪg]

| mensaje (m) de texto | SMS-хаам | [ɛsɛmɛs ha'am] |
| abonado (m) | абонент | [abɔnent] |

81. Los artículos de escritorio

| bolígrafo (m) | авторучка | [avtɔrutʃk] |
| pluma (f) estilográfica | перо | [perɔ] |

lápiz (f)	къолам	[qʔɔlam]
marcador (m)	маркер	[marker]
rotulador (m)	фломастер	[flɔmaster]

| bloc (m) de notas | блокнот | [blɔknɔt] |
| agenda (f) | ежедневник | [eʒednevnɪk] |

regla (f)	линейка	[lɪnejk]
calculadora (f)	калькулятор	[kaljkuljatɔr]
goma (f) de borrar	лаьстиг	[læstɪg]
chincheta (f)	кнопка	[knɔpk]
clip (m)	malap	[ma'ar]

pegamento (m)	клей	[klej]
grapadora (f)	степлер	[stepler]
perforador (m)	Iуьргашдохург	['ʉrgaʃdɔhurg]
sacapuntas (m)	точилк	[tɔtʃɪlk]

82. Tipos de negocios

contabilidad (f)	бухгалтерин гӀуллакхаш	[buhgalterɪn ɣullaqaʃ]
publicidad (f)	реклама	[reklam]
agencia (f) de publicidad	рекламан агенталла	[reklaman agentall]
climatizadores (m pl)	кондиционераш	[kɔndɪtsɪɔneraʃ]
compañía (f) aérea	авиакомпани	[awɪakɔmpanɪ]

bebidas (f pl) alcohólicas	спиртан маларш	[spɪrtan malarʃ]
antigüedad (f)	антиквариат	[antɪkvarɪat]
galería (f) de arte	галерей	[galerej]
servicios (m pl) de auditoría	аудитаран гӀуллакхаш	['audɪtaran ɣullaqaʃ]

negocio (m) bancario	банкан бизнес	[bankan bıznes]
bar (m)	бар	[bar]
salón (m) de belleza	хазаллан салон	[hazallan salɔn]
librería (f)	книшкийн туька	[knıʃkɪːn tɯk]
fábrica (f) de cerveza	йийн доккху меттиг	[jɪːn dɔkqu mettɪg]
centro (m) de negocios	бизнес-центр	[bɪznes tsentr]
escuela (f) de negocios	бизнес-школа	[bɪznes ʃkɔl]
casino (m)	казино	[kazınɔ]
construcción (f)	гӏишло яр	[ɣɪʃlɔ jar]
consultoría (f)	консалтинг	[kɔnsaltɪng]
estomatología (f)	стоматологи	[stɔmatɔlɔgɪ]
diseño (m)	дизайн	[dɪzajn]
farmacia (f)	аптека	[aptek]
tintorería (f)	химцландар	[hɪmtsʼandar]
agencia (f) de empleo	кадрашха агенталла	[kadraʃha agentall]
servicios (m pl) financieros	финансийн гӏуллакхаш	[fınansıːn ɣullaqaʃ]
productos alimenticios	сурсаташ	[sursataʃ]
funeraria (f)	велчан ламаста ден бюро	[weltʃan lamast den bɯrɔ]
muebles (m pl)	мебель	[mebelj]
ropa (f), vestido (m)	бедар	[bedar]
hotel (m)	хьешийн цӏа	[heʃɪːn tsʼa]
helado (m)	морожени	[mɔrɔʒenı]
industria (f)	промышленность	[prɔmıʃlenɔstʲ]
seguro (m)	страхована	[strahovan]
internet (m), red (f)	интернет	[ınternet]
inversiones (f pl)	инвестици	[ınwestıtsı]
joyero (m)	ювелир	[juwelır]
joyería (f)	ювелиран хӏуманаш	[juwelıran hʼumanaʃ]
lavandería (f)	прачечни	[pratʃetʃnı]
asesoría (f) jurídica	юридически гӏуллакхаш	[jurıdıtʃeskı ɣullaqaʃ]
industria (f) ligera	яйн промышленность	[jajn prɔmıʃlenɔstʲ]
revista (f)	журнал	[ʒurnal]
venta (f) por catálogo	каталог тӏехула махлелор	[katalɔg tʼehul mahlelɔr]
medicina (f)	медицина	[medıtsın]
cine (m) (iremos al ~)	кинотеатр	[kınɔteatr]
museo (m)	музей	[muzej]
agencia (f) de información	информацин агенталла	[ınfɔrmatsın agentall]
periódico (m)	газета	[gazet]
club (m) nocturno	буьйсанан клуб	[bɯjsanan klub]
petróleo (m)	нефть	[neftʲ]
servicio (m) de entrega	курьеран гӏуллакх	[kurjeran ɣullaq]
industria (f) farmacéutica	фармацевтика	[farmatsevtık]
poligrafía (f)	полиграфи	[pɔlıgrafı]
editorial (f)	издательство	[ızdateljstvɔ]
radio (f)	радио	[radıɔ]
inmueble (m)	ара-чу ца баккхалун бахам	[arə tʃu tsə bakqalun baham]

restaurante (m)	ресторан	[restɔran]
agencia (f) de seguridad	ха ден агенталла	[ha den agentall]
deporte (m)	спорт	[spɔrt]
bolsa (f) de comercio	биржа	[bɪrʒ]
tienda (f)	туька	[tʉk]
supermercado (m)	супермаркет	[supermarket]
piscina (f)	бассейн	[bassejn]
taller (m)	ателье	[atelje]
televisión (f)	телевидени	[telewɪdenɪ]
teatro (m)	театр	[teatr]
comercio (m)	махлелор	[mahlelɔr]
servicios de transporte	дӀадахьарш	[d'adaharʃ]
turismo (m)	туризм	[turɪzm]
veterinario (m)	ветеринар	[weterɪnar]
almacén (m)	склад	[sklad]
recojo (m) de basura	нехаш аракхехьар	[nehaʃ araqehar]

El trabajo. Los negocios. Unidad 2

83. El espectáculo. La exhibición

exposición, feria (f)	гайтам	[gajtam]
feria (f) comercial	махбаран гайта хІоттор	[mahbaran gajt h'ɔttɔr]
participación (f)	дакъа лацар	[daqʔ latsar]
participar (vi)	дакъа лаца	[daqʔ lats]
participante (m)	декъашхо	[deqʔaʃho]
director (m)	директор	[dɪrektɔr]
dirección (f)	дирекци, оргкомитет	[dɪrektsɪ], [ɔrgkɔmɪtet]
organizador (m)	вовшахтохархо	[vɔvʃahtɔharhɔ]
organizar (vt)	вовшахтоха	[vɔvʃahtɔh]
solicitud (f) de participación	дакъа лацар дІахьедан	[daqʔ latsar d'ahedan]
rellenar (vt)	яздан	[jazdan]
detalles (m pl)	деталаш	[detalaʃ]
información (f)	хаам	[ha'am]
precio (m)	мах	[mah]
incluso	тІехь	[t'eh]
incluir (vt)	юкъадало	[juqʔadalɔ]
pagar (vi, vt)	ахча дала	[ahtʃ dal]
cuota (f) de registro	регистрацин ахча далар	[regɪstratsɪn ahtʃ dalar]
entrada (f)	чуглойла	[tʃuɣɔjl]
pabellón (m)	павильон	[pawɪlʲɔn]
registrar (vt)	регистраци ян	[regɪstratsɪ jan]
tarjeta (f) de identificación	бэдж	[bɛdʒ]
stand (m)	гайтаман стенд	[gajtaman stend]
reservar (vt)	бронь ян	[brɔnj jan]
vitrina (f)	витрина	[wɪtrɪn]
lámpara (f)	къуьда	[qʔʉd]
diseño (m)	дизайн	[dɪzajn]
poner (colocar)	хила	[hɪl]
distribuidor (m)	дистрибьютор	[dɪstrɪbjʉtɔr]
proveedor (m)	латторг	[lattɔrg]
país (m)	мохк	[mɔhk]
extranjero (adj)	кхечу мехкан	[qetʃu mehkan]
producto (m)	сурсат	[sursat]
asociación (f)	цхьаьнакхетар	[tshænaqetar]
sala (f) de conferencias	конференц-зал	[kɔnferents zal]
congreso (m)	конгресс	[kɔngress]

concurso (m)	конкурс	[kɔnkurs]
visitante (m)	оьхург	[øhurg]
visitar (vt)	хьажа даха	[haʒ dah]
cliente (m)	заказхо	[zakazho]

84. La ciencia. La investigación. Los científicos

ciencia (f)	Ӏилма	['ɪlm]
científico (adj)	Ӏилманан	['ɪlmanan]
científico (m)	дешна	[deʃn]
teoría (f)	теори	[teɔrɪ]

axioma (m)	аксиома	[aksɪɔm]
análisis (m)	анализ	[analɪz]
analizar (vt)	анализ ян	[analɪz jan]
argumento (m)	аргумент	[argument]
sustancia (f) (materia)	хӀума	[h'um]

hipótesis (f)	гипотеза	[gɪpɔtez]
dilema (m)	дилемма	[dɪlemm]
tesis (f) de grado	диссертаци	[dɪssertatsɪ]
dogma (m)	догма	[dɔgm]

doctrina (f)	доктрина	[dɔktrɪn]
investigación (f)	таллар	[tallar]
investigar (vt)	талла	[tall]
prueba (f)	контроль	[kɔntrɔlj]
laboratorio (m)	лаборатори	[labɔratɔrɪ]

método (m)	некъ	[neqʔ]
molécula (f)	молекула	[mɔlekul]
seguimiento (m)	мониторинг	[mɔnɪtɔrɪng]
descubrimiento (m)	гучудаккхар	[gutʃudakqar]

postulado (m)	постулат	[pɔstulat]
principio (m)	принцип	[prɪntsɪp]
pronóstico (m)	прогноз	[prɔgnɔz]
pronosticar (vt)	прогноз ян	[prɔgnɔz jan]

síntesis (f)	синтез	[sɪntez]
tendencia (f)	тенденци	[tendentsɪ]
teorema (m)	теорема	[teɔrem]

enseñanzas (f pl)	хьехар	[hehar]
hecho (m)	хилларг	[hɪllarg]
expedición (f)	экспедици	[ɛkspedɪtsɪ]
experimento (m)	эксперимент	[ɛksperɪment]

académico (m)	академик	[akademɪk]
bachiller (m)	бакалавр	[bakalavr]
doctorado (m)	доктор	[dɔktɔr]
docente (m)	доцент	[dɔtsent]
Master (m) (~ en Letras)	магистр	[magɪstr]
profesor (m)	профессор	[prɔfessɔr]

Las profesiones y los oficios

85. La búsqueda de trabajo. El despido del trabajo

trabajo (m)	болх	[bɔlh]
empleados (pl)	штат	[ʃtat]
carrera (f)	карьера	[karjer]
perspectiva (f)	перспектива	[perspektɪv]
maestría (f)	говзалла	[gɔvzall]
selección (f)	харжар	[harʒar]
agencia (f) de empleo	кадрашха агенталла	[kadraʃha agentall]
curriculum vitae (m)	резюме	[rezʉme]
entrevista (f)	къамел дар	[qʔamel dar]
vacancia (f)	ваканси	[vakansɪ]
salario (m)	алапа	[alap]
salario (m) fijo	алапа	[alap]
remuneración (f)	алапа далар	[alap dalar]
puesto (m) (trabajo)	гӏуллакх	[ɣullaq]
deber (m)	декхар	[deqar]
gama (f) de deberes	нах	[nah]
ocupado (adj)	мукъаза	[muqʔaz]
despedir (vt)	дӏадаккха	[dʼadakq]
despido (m)	дӏадаккхар	[dʼadakqar]
desempleo (m)	белхазалла	[belhazall]
desempleado (m)	белхазхо	[belhazho]
jubilación (f)	пенси	[pensɪ]
jubilarse	пенси ваха	[pensɪ vah]

86. Los negociantes

director (m)	директор	[dɪrektɔr]
gerente (m)	урхалхо	[urhalhɔ]
jefe (m)	кућйгалхо, шеф	[kʉjgalhɔ], [ʃəf]
superior (m)	хьаькам	[hækam]
superiores (m pl)	хьаькамаш	[hækamaʃ]
presidente (m)	паччахь	[patʃah]
presidente (m) (de compañía)	председатель	[predsedatelj]
adjunto (m)	когаметтаниг	[kɔgamettanɪg]
asistente (m)	гӏоьнча	[ɣøntʃ]
secretario, -a (m, f)	секретарь	[sekratarʲ]

secretario (m) particular	долахь волу секретарь	[dɔlah vɔlu sekretarʲ]
hombre (m) de negocios	бизнесхо	[bɪznesho]
emprendedor (m)	хьуьнарча	[hʉnartʃ]
fundador (m)	диллинарг	[dɪllɪnarg]
fundar (vt)	дилла	[dɪll]
institutor (m)	кхолларxо	[qɔllarhɔ]
compañero (m)	декъашхо	[deqʔaʃho]
accionista (m)	акци ерг	[aktsɪ erg]
millonario (m)	миллионxо	[mɪllɪɔnhɔ]
multimillonario (m)	миллиардxо	[mɪllɪardhɔ]
propietario (m)	да	[d]
terrateniente (m)	лаьттада	[læṭṭad]
cliente (m)	клиент	[klɪent]
cliente (m) habitual	даимлера клиент	[daɪmler klɪent]
comprador (m)	эцархо	[ɛtsarhɔ]
visitante (m)	оьхург	[øhurg]
profesional (m)	говзанча	[gɔvzantʃ]
experto (m)	эксперт	[ɛkspert]
especialista (m)	говзанча	[gɔvzantʃ]
banquero (m)	банкир	[bankɪr]
broker (m)	брокер	[brɔker]
cajero (m)	кассир	[kassɪr]
contable (m)	бухгалтер	[buhgalter]
guardia (m) de seguridad	хехо	[heho]
inversionista (m)	инвестор	[ɪnwestɔr]
deudor (m)	декxархо	[deqarhɔ]
acreedor (m)	кредитор	[kredɪtɔr]
prestatario (m)	декxархо	[deqarhɔ]
importador (m)	импортxо	[ɪmpɔrthɔ]
exportador (m)	экспортxо	[ɛkspɔrthɔ]
productor (m)	арахоьцург	[arahøtsurg]
distribuidor (m)	дистрибьютор	[dɪstrɪbjʉtɔr]
intermediario (m)	юкъарлонча	[juqʔarlɔntʃ]
asesor (m) (~ fiscal)	консультант	[kɔnsuljtant]
representante (m)	векал	[wekal]
agente (m)	агент	[agent]
agente (m) de seguros	страховкин агент	[strahovkɪn agent]

87. Los trabajos de servicio

cocinero (m)	кxачанxо	[qatʃanho]
jefe (m) de cocina	шеф-кxачанxо	[ʃef qatʃanho]
panadero (m)	пурнxо	[purnho]
barman (m)	бармен	[barmen]

| camarero (m) | официант | [ɔfɪtsɪɑnt] |
| camarera (f) | официантка | [ɔfɪtsɪɑntk] |

abogado (m)	хьехамча	[hehamtʃ]
jurista (m)	юрист	[jurɪst]
notario (m)	нотариус	[nɔtarɪus]

electricista (m)	монтер	[mɔnter]
fontanero (m)	сантехник	[sɑntehnɪk]
carpintero (m)	дечиг-пхьар	[detʃɪg phar]

masajista (m)	массажхо	[massaʒho]
masajista (f)	массажхо	[massaʒho]
médico (m)	лор	[lɔr]

taxista (m)	таксист	[taksɪst]
chófer (m)	шофер	[ʃɔfer]
repartidor (m)	курьер	[kurjer]

camarera (f)	хIусамча	[h'usamtʃ]
guardia (m) de seguridad	хехо	[heho]
azafata (f)	стюардесса	[stʉardess]

profesor (m) (~ de baile, etc.)	хьехархо	[heharhɔ]
bibliotecario (m)	библиотекахо	[bɪblɪɔtekaho]
traductor (m)	талмаж	[talmaʒ]
intérprete (m)	талмаж	[talmaʒ]
guía (m)	гид	[gɪd]

peluquero (m)	парикмахер	[parɪkmaher]
cartero (m)	почтальон	[pɔtʃtalʲɔn]
vendedor (m)	йохкархо	[johkarhɔ]

jardinero (m)	бешахо	[beʃaho]
servidor (m)	ялхо	[jalho]
criada (f)	ялхо	[jalho]
mujer (f) de la limpieza	цIанонча	[tsʼanɔntʃ]

88. La profesión militar y los rangos

soldado (m) raso	моПарепа	[mɔɣarer]
sargento (m)	сержант	[serʒant]
teniente (m)	лейтенант	[lejtenant]
capitán (m)	капитан	[kapɪtan]

mayor (m)	майор	[major]
coronel (m)	полковник	[pɔlkɔvnɪk]
general (m)	инарла	[ɪnarl]
mariscal (m)	маршал	[marʃal]
almirante (m)	адмирал	[admɪral]

militar (m)	тIеман	[tʼeman]
soldado (m)	салти	[saltɪ]
oficial (m)	эпсар	[ɛpsar]

comandante (m)	командир	[kɔmandɪr]
guardafronteras (m)	дозанхо	[dɔzanho]
radio-operador (m)	радиохаамхо	[radɪɔha'amho]
explorador (m)	талламхо	[tallamho]
zapador (m)	сапёр	[sapʲor]
tirador (m)	кхоссархо	[qɔssarhɔ]
navegador (m)	штурман	[ʃturman]

89. Los oficiales. Los sacerdotes

rey (m)	паччахь	[patʃah]
reina (f)	зуда-паччахь	[zud patʃah]
príncipe (m)	принц	[prɪnts]
princesa (f)	принцесса	[prɪntsess]
zar (m)	паччахь	[patʃah]
zarina (f)	зуда-паччахь	[zud patʃah]
presidente (m)	паччахь	[patʃah]
ministro (m)	министр	[mɪnɪstr]
primer ministro (m)	примьер-министр	[prɪmjer mɪnɪstr]
senador (m)	сенатхо	[senathɔ]
diplomático (m)	дипломат	[dɪplɔmat]
cónsul (m)	консул	[kɔnsul]
embajador (m)	векал	[wekal]
consejero (m)	хьехамча	[hehamtʃ]
funcionario (m)	чиновник	[tʃɪnɔvnɪk]
prefecto (m)	префект	[prefekt]
alcalde (m)	мэр	[mɛr]
juez (m)	суьдхо	[sʉdhɔ]
fiscal (m)	прокурор	[prɔkurɔr]
misionero (m)	миссионер	[mɪssɪɔner]
monje (m)	монах	[mɔnah]
abad (m)	аббат	[abbat]
rabino (m)	равин	[rawɪn]
visir (m)	визирь	[wɪzɪrʲ]
sha (m), shah (m)	шах	[ʃah]
jeque (m)	шайх	[ʃajh]

90. Las profesiones agrícolas

apicultor (m)	накхарамозийлелорхо	[naqaramɔzɪːlelɔrhɔ]
pastor (m)	Iy	[ʹu]
agrónomo (m)	агроном	[agrɔnɔm]
ganadero (m)	даьхнийлелорхо	[dæhnɪːlelɔrhɔ]
veterinario (m)	ветеринар	[wetɛrɪnar]

granjero (m)	фермер	[fermer]
vinicultor (m)	чагlардоккхург	[tʃaɣardɔkqurg]
zoólogo (m)	зоолог	[zoˈolɔg]
cowboy (m)	ковбой	[kɔvbɔj]

91. Las profesiones artísticas

| actor (m) | актёр | [aktʲor] |
| actriz (f) | актриса | [aktrɪs] |

| cantante (m) | эшархо | [ɛʃarhɔ] |
| cantante (f) | эшархо | [ɛʃarhɔ] |

| bailarín (m) | хелхархо | [helharhɔ] |
| bailarina (f) | хелхархо | [helharhɔ] |

| artista (m) | артист | [artɪst] |
| artista (f) | артист | [artɪst] |

músico (m)	музыкант	[muzɪkant]
pianista (m)	пианист	[pɪanɪst]
guitarrista (m)	гитарча	[gɪtartʃ]

director (m) de orquesta	дирижёр	[dɪrɪʒor]
compositor (m)	композитор	[kɔmpɔzɪtɔr]
empresario (m)	импресарио	[ɪmpresarɪɔ]

director (m) de cine	режиссёр	[reʒɪsʲor]
productor (m)	продюсер	[prɔdʉser]
guionista (m)	сценарихо	[stsenarɪhɔ]
crítico (m)	критик	[krɪtɪk]

escritor (m)	яздархо	[jazdarhɔ]
poeta (m)	илланча	[ɪllantʃ]
escultor (m)	скульптор	[skuljptɔr]
pintor (m)	исбаьхьалча	[ɪsbæhaltʃ]

malabarista (m)	жонглёр	[ʒɔnglʲor]
payaso (m)	жухарг	[ʒuharg]
acróbata (m)	пелхьо	[pelhɔ]
ilusionista (m)	бозбуунча	[bɔzbuˈuntʃ]

92. Profesiones diversas

médico (m)	лор	[lɔr]
enfermera (f)	лорйиш	[lɔrjɪʃ]
psiquiatra (m)	психиатр	[psɪhɪatr]
estomatólogo (m)	цергийн лор	[tsergiːn lɔr]
cirujano (m)	хирург	[hɪrurg]

| astronauta (m) | астронавт | [astrɔnavt] |
| astrónomo (m) | астроном | [astrɔnɔm] |

piloto (m)	кеманхо	[kemanhо]
conductor (m) (chófer)	лелорхо	[lelɔrhɔ]
maquinista (m)	машинхо	[maʃɪnhо]
mecánico (m)	механик	[mehanɪk]
minero (m)	кӀорабаккхархо	[kʼɔrabakqarhɔ]
obrero (m)	белхало	[belhalɔ]
cerrajero (m)	слесарь	[slesarʲ]
carpintero (m)	дечка пхьар	[detʃk phar]
tornero (m)	токарь	[tɔkarʲ]
albañil (m)	гӀишлошъярхо	[ɣɪʃlɔʃʔjarhɔ]
soldador (m)	латорхо	[latɔrhɔ]
profesor (m) (título)	профессор	[prɔfessɔr]
arquitecto (m)	архитектор	[arhɪtektɔr]
historiador (m)	историк	[ɪstɔrɪk]
científico (m)	дешна	[deʃn]
físico (m)	физик	[fɪzɪk]
químico (m)	химик	[hɪmɪk]
arqueólogo (m)	археолог	[arheolɔg]
geólogo (m)	геолог	[geɔlɔg]
investigador (m)	талламхо	[tallamhо]
niñera (f)	баба	[bab]
pedagogo (m)	хьехархо	[heharhɔ]
redactor (m)	редактор	[redaktɔr]
redactor jefe (m)	коьрта редактор	[kørt redaktɔr]
corresponsal (m)	корреспондент	[kɔrrespɔndent]
mecanógrafa (f)	машинхо	[maʃɪnhо]
diseñador (m)	дизайнер	[dɪzajner]
especialista (m) en ordenadores	компьютерхо	[kɔmpjuterhɔ]
programador (m)	программист	[prɔgrammɪst]
ingeniero (m)	инженер	[ɪnʒener]
marino (m)	хӀордахо	[hʼɔrdahо]
marinero (m)	хӀордахо	[hʼɔrdahо]
socorrista (m)	кӀелхьардаккхархо	[kʼelhardaqharhɔ]
bombero (m)	цӀе йойу	[tsʼe joju]
policía (m)	полици	[pɔlɪtsɪ]
vigilante (m) nocturno	хехо	[hehо]
detective (m)	лахарча	[lahartʃ]
aduanero (m)	таможхо	[tamɔʒhо]
guardaespaldas (m)	ларвархо	[larvarhɔ]
guardia (m) de prisiones	набахтхо	[nabahthо]
inspector (m)	инспектор	[ɪnspektɔr]
deportista (m)	спортхо	[spɔrthо]
entrenador (m)	тренер	[trener]
carnicero (m)	хасапхо	[hasaphо]
zapatero (m)	эткийн пхьар	[ɛtkiːn phar]

comerciante (m)	совдегар	[sɔvdegar]
cargador (m)	киранча	[kɪrantʃ]
diseñador (m) de modas	модельхо	[mɔdeljho]
modelo (f)	модель	[mɔdelj]

93. Los trabajos. El estatus social

escolar (m)	школахо	[ʃkɔlaho]
estudiante (m)	студент	[student]
filósofo (m)	философ	[fɪlɔsɔf]
economista (m)	экономист	[ɛkɔnɔmɪst]
inventor (m)	кхоллархо	[qɔllarhɔ]
desempleado (m)	белхазхо	[belhazho]
jubilado (m)	пенсионер	[pensɪɔner]
espía (m)	шпион	[ʃpɪɔn]
prisionero (m)	лаьцна стаг	[læts̩n stag]
huelguista (m)	забастовкахо	[zabastɔvkaho]
burócrata (m)	бюрократ	[bʉrɔkrat]
viajero (m)	некъахо	[neq?aho]
homosexual (m)	гомосексуализмхо	[gɔmɔseksualɪzmho]
hacker (m)	хакер	[haker]
bandido (m)	талорхо	[talorhɔ]
sicario (m)	йолах дийнарг	[jolah dɪːnarg]
drogadicto (m)	наркоман	[narkɔman]
narcotraficante (m)	наркотикаш йохкархо	[narkɔtɪkaʃ johkarhɔ]
prostituta (f)	кхахьпа	[qahp]
chulo (m), proxeneta (m)	сутенёр	[sutenʲor]
brujo (m)	холмачхо	[holmatʃho]
bruja (f)	холмачхо	[holmatʃho]
pirata (m)	пират	[pɪrat]
esclavo (m)	лай	[laj]
samurai (m)	самурай	[samuraj]
salvaje (m)	акха адам	[aq adam]

La educación

94. La escuela

escuela (f)	школа	[ʃkɔl]
director (m) de escuela	директор	[dɪrektɔr]
alumno (m)	дешархо	[deʃarhɔ]
alumna (f)	дешархо	[deʃarhɔ]
escolar (m)	школахо	[ʃkɔlaho]
escolar (f)	школахо	[ʃkɔlaho]
enseñar (vt)	хьеха	[heh']
aprender (ingles, etc.)	Іамо	['amɔ]
aprender de memoria	дагахь Іамо	[dagah 'amɔ]
aprender (a leer, etc.)	Іама	['am]
estar en la escuela	Іама	['am]
ir a la escuela	школе ваха	[ʃkɔle vah]
alfabeto (m)	абат	[abat]
materia (f)	предмет	[predmet]
clase (f), aula (f)	класс	[klass]
lección (f)	урок	[urɔk]
campana (f)	горгали	[gɔrgalɪ]
pupitre (m)	парта	[part]
pizarra (f)	классан у	[klassan u]
nota (f)	отметка	[ɔtmetk]
buena nota (f)	дика отметка	[dɪk ɔtmetk]
mala nota (f)	вон отметка	[vɔn ɔtmetk]
poner una nota	отметка хІотто	[ɔtmetk h'ɔttɔ]
falta (f)	гІалат	[ɣalat]
hacer faltas	гІалат дан	[ɣalat dan]
corregir (un error)	нисдан	[nɪsdan]
chuleta (f)	шпаргалка	[ʃpargalk]
deberes (m pl) de casa	цІера тІедиллар	[tsʼer tʼedɪllar]
ejercicio (m)	упражнени	[upraʒnenɪ]
estar presente	хила	[hɪl]
estar ausente	ца хила	[tsa hɪl]
castigar (vt)	таІзар дан	[ta'zar dan]
castigo (m)	таІзар	[ta'zar]
conducta (f)	лелар	[lelar]
libreta (f) de notas	дневник	[dnevnɪk]
lápiz (f)	къолам	[qʔɔlam]

goma (f) de borrar	лаьстиг	[læstɪg]
tiza (f)	мел	[mel]
cartuchera (f)	гӀутакх	[ɣutaq]

mochila (f)	портфель	[pɔrtfelj]
bolígrafo (m)	ручка	[rutʃk]
cuaderno (m)	тетрадь	[tetradʲ]
manual (m)	учебник	[utʃebnɪk]
compás (m)	циркуль	[tsɪrkulj]

trazar (vi, vt)	дилла	[dɪll]
dibujo (m) técnico	чертёж	[tʃertʲoʒ]

poema (m), poesía (f)	байт	[bajt]
de memoria (adv)	дагахь	[dagah]
aprender de memoria	дагахь lамо	[dagah 'amɔ]

vacaciones (f pl)	каникулаш	[kanɪkulaʃ]
estar de vacaciones	каникулашт хилар	[kanɪkulaʃt hɪlar]

prueba (f) escrita	талламан болх	[tallaman bɔlh]
composición (f)	сочинени	[sɔtʃɪnenɪ]
dictado (m)	диктант	[dɪktant]
examen (m)	экзамен	[ɛkzamen]
hacer un examen	экзамен дӀаялар	[ɛkzamen d'ajalar]
experimento (m)	гӀулч	[ɣultʃ]

95. Los institutos. La Universidad

academia (f)	академи	[akademɪ]
universidad (f)	университет	[unɪwersɪtet]
facultad (f)	факультет	[fakuljtet]

estudiante (m)	студент	[student]
estudiante (f)	студентка	[studentk]
profesor (m)	хьехархо	[heharhɔ]
aula (f)	аудитори	[audɪtɔrɪ]
graduado (m)	дешна ваьлларг	[deʃn vællarg]
diploma (m)	диплом	[dɪplɔm]
tesis (f) de grado	диссертаци	[dɪssertatsɪ]
estudio (m)	таллар	[tallar]
laboratorio (m)	лаборатори	[labɔratɔrɪ]

clase (f)	лекци	[lektsɪ]
compañero (m) de curso	курсахо	[kursahɔ]
beca (f)	стипенди	[stɪpendɪ]
grado (m) académico	Ӏилманан дарж	['ɪlmanan darʒ]

96. Las ciencias. Las disciplinas

matemáticas (f pl)	математика	[matematɪk]
álgebra (f)	алгебра	[algebr]

geometría (f)	геометри	[geɔmetrɪ]
astronomía (f)	астрономи	[astrɔnɔmɪ]
biología (f)	биологи	[bɪɔlɔgɪ]
geografía (f)	географи	[geɔgrafɪ]
geología (f)	геологи	[geɔlɔgɪ]
historia (f)	истори	[ɪstɔrɪ]

medicina (f)	медицина	[medɪtsɪn]
pedagogía (f)	педагогика	[pedagɔgɪk]
derecho (m)	бакъо	[baqʔɔ]

física (f)	физика	[fɪzɪk]
química (f)	хими	[hɪmɪ]
filosofía (f)	философи	[fɪlɔsɔfɪ]
psicología (f)	психологи	[psɪhɔlɔgɪ]

97. Los sistemas de escritura. La ortografía

gramática (f)	грамматика	[grammatɪk]
vocabulario (m)	лексика	[leksɪk]
fonética (f)	фонетика	[fɔnetɪk]

sustantivo (m)	цIердош	[ts'erdɔʃ]
adjetivo (m)	билгалдош	[bɪlgaldɔʃ]
verbo (m)	хандош	[handɔʃ]
adverbio (m)	куцдош	[kutsdɔʃ]

pronombre (m)	цIерметдош	[ts'ermetdɔʃ]
interjección (f)	айдардош	[ajdardɔʃ]
preposición (f)	предлог	[predlɔg]

raíz (f), radical (m)	дешан орам	[deʃan ɔram]
desinencia (f)	чаккхе	[tʃakqe]
prefijo (m)	дешхьалхе	[deʃhalhe]
sílaba (f)	дешдакъа	[deʃdaqʔ]
sufijo (m)	суффикс	[suffɪks]

| acento (m) | тохар | [tɔhar] |
| apóstrofo (m) | апостроф | [apɔstrɔf] |

punto (m)	тIадам	[t'adam]
coma (f)	цIоьмалг	[ts'ømalg]
punto y coma	тIадамца цIоьмалг	[t'adamts ts'ømalg]
dos puntos (m pl)	ши тIадам	[ʃɪ t'adam]
puntos (m pl) suspensivos	тIадамаш	[t'adamaʃ]

| signo (m) de interrogación | хаттаран хьаьрк | [hattaran hærk] |
| signo (m) de admiración | айдаран хьаьрк | [ajdaran hærk] |

comillas (f pl)	кавычкаш	[kavɪtʃkaʃ]
entre comillas	кавычкаш юккъе	[kavɪtʃkaʃ jukqʔe]
paréntesis (m)	къовларш	[qʔɔvlarʃ]
entre paréntesis	къовларш юккъе	[qʔɔvlarʃ jukqʔe]
guión (m)	сизалг	[sɪzalg]

raya (f)	тиз	[tɪz]
blanco (m)	юкъ	[juqʔ]
letra (f)	элп	[ɛlp]
letra (f) mayúscula	доккха элп	[dɔkq ɛlp]
vocal (f)	мукъа аз	[muqʔ az]
consonante (m)	мукъаза аз	[muqʔaz az]
oración (f)	предложени	[predlɔʒenɪ]
sujeto (m)	подлежащи	[pɔdleʒaɕɪ]
predicado (m)	сказуеми	[skazuemɪ]
línea (f)	могʼа	[mɔɣ]
en una nueva línea	керлачу могʼарепа	[kerlatʃu mɔɣarer]
párrafo (m)	абзац	[abzats]
palabra (f)	дош	[dɔʃ]
combinación (f) de palabras	дешнийн цхьаьнакхетар	[deʃnɪːn tshænaqetar]
expresión (f)	алар	[alar]
sinónimo (m)	синоним	[sɪnɔnɪm]
antónimo (m)	антоним	[antɔnɪm]
regla (f)	бакъо	[baqʔɔ]
excepción (f)	юкъарадаккхар	[juqʔaradakqar]
correcto (adj)	нийса	[nɪːs]
conjugación (f)	хийцар	[hɪːtsar]
declinación (f)	легар	[legar]
caso (m)	дожар	[dɔʒar]
pregunta (f)	хаттар	[hattar]
subrayar (vt)	билгалдаккха	[bɪlgaldakq]
línea (f) de puntos	пунктир	[punktɪr]

98. Los idiomas extranjeros

lengua (f)	мотт	[mɔtt]
lengua (f) extranjera	кхечу мехкийн мотт	[qetʃu mehkɪːn mɔtt]
estudiar (vt)	ʼамо	[ˈamɔ]
aprender (ingles, etc.)	ʼамо	[ˈamɔ]
leer (vi, vt)	еша	[eʃ]
hablar (vi, vt)	дийца	[dɪːts]
comprender (vt)	кхета	[qet]
escribir (vt)	яздан	[jazdan]
rápidamente (adv)	сиха	[sɪh]
lentamente (adv)	меллаша	[mellaʃ]
con fluidez (adv)	пагʼат	[parɣat]
reglas (f pl)	бакъонаш	[baqʔonaʃ]
gramática (f)	грамматика	[grammatɪk]
vocabulario (m)	лексика	[leksɪk]
fonética (f)	фонетика	[fɔnetɪk]

manual (m)	учебник	[utʃebnɪk]
diccionario (m)	дошам, словарь	[doʃam], [slovarʲ]
manual (m) autodidáctico	Іамалург	[ʼamalurg]
guía (f) de conversación	къамелІаморг	[qʔamelʼamɔrg]
casete (m)	кассета	[kasset]
videocasete (f)	видеокассета	[wɪdeɔkasset]
CD (m)	CD	[sɪdɪ]
DVD (m)	DVD	[dɪwɪdɪ]
alfabeto (m)	алфавит	[alfawɪt]
deletrear (vt)	элпашц мотт бийца	[ɛlpaʃts mɔtt bɪːts]
pronunciación (f)	алар	[alar]
acento (m)	акцент	[aktsent]
con acento	акцент	[aktsent]
sin acento	акцент ца хила	[aktsent tsə hɪl]
palabra (f)	дош	[doʃ]
significado (m)	маьІна	[mæʼn]
cursos (m pl)	курсаш	[kursaʃ]
inscribirse (vr)	дІаяздала	[dʼajazdal]
profesor (m) (~ de inglés)	хьехархо	[heharhɔ]
traducción (f) (proceso)	дахьийтар	[dahɪːtar]
traducción (f) (texto)	гоч дар	[gɔtʃ dar]
traductor (m)	талмаж	[talmaʒ]
intérprete (m)	талмаж	[talmaʒ]
políglota (m)	полиглот	[pɔlɪglɔt]
memoria (f)	эс	[ɛs]

Los restaurantes. El entretenimiento. El viaje

99. El viaje. Viajar

turismo (m)	туризм	[turɪzm]
turista (m)	турист	[turɪst]
viaje (m)	араваьлла лелар	[arɑvæll lelɑr]
aventura (f)	хилларг	[hɪllɑrg]
viaje (m)	дахар	[dɑhɑr]
vacaciones (f pl)	отпуск	[ɔtpusk]
estar de vacaciones	отпускехь хилар	[ɔtpuskeh hɪlɑr]
descanso (m)	садаlар	[sɑdɑʔɑr]
tren (m)	цӀерпошт	[tsʼerpɔʃt]
en tren	цӀерпоштахь	[tsʼerpɔʃtɑh]
avión (m)	кема	[kem]
en avión	кеманца	[kemɑnts]
en coche	машина тӀехь	[mɑʃɪn tʼeh]
en barco	кеманца	[kemɑnts]
equipaje (m)	кира	[kɪr]
maleta (f)	чамда	[tʃɑmd]
carrito (m) de equipaje	киран гӀудакх	[kɪrɑn ɣudɑq]
pasaporte (m)	паспорт	[pɑspɔrt]
visado (m)	виза	[wɪz]
billete (m)	билет	[bɪlet]
billete (m) de avión	авиабилет	[ɑwɪɑbɪlet]
guía (f) (libro)	некъгойтург	[neqʔgɔjturg]
mapa (m)	карта	[kɑrt]
área (m) (~ rural)	меттиг	[mettɪg]
lugar (m)	меттиг	[mettɪg]
exotismo (m)	экзотика	[ɛkzɔtɪk]
exótico (adj)	экзотикин	[ɛkzɔtɪkɪn]
asombroso (adj)	тамашена	[tɑmɑʃən]
grupo (m)	группа	[grupp]
excursión (f)	экскурси	[ɛkskursɪ]
guía (m) (persona)	экскурсилелорхо	[ɛkskursɪlelɔrhɔ]

100. El hotel

hotel (m)	хьешийн цӀа	[heʃiːn tsʼɑ]
motel (m)	мотель	[mɔtelj]
de tres estrellas	кхо седа	[qø sed]

de cinco estrellas	пхи седа	[phɪ sed]
hospedarse (vr)	саца	[sɑʦ]
habitación (f)	номер	[nɔmer]
habitación (f) individual	цхьа меттиг йолу номер	[ʦha mettɪg jolu nɔmer]
habitación (f) doble	шиъ меттиг йолу номер	[ʃɪʔ mettɪg jolu nɔmer]
reservar una habitación	номер бронь ян	[nɔmer brɔnj jɑn]
media pensión (f)	полупансион	[pɔlupɑnsɪɔn]
pensión (f) completa	йиззина пансион	[jɪzzɪn pɑnsɪɔn]
con baño	ваннер	[vɑnner]
con ducha	душер	[duʃər]
televisión (f) satélite	спутникови телевидени	[sputnɪkɔwɪ telewɪdenɪ]
climatizador (m)	кондиционер	[kɔndɪʦɪɔner]
toalla (f)	гата	[gɑt]
llave (f)	догӀа	[dɔɣ]
administrador (m)	администратор	[admɪnɪstrɑtɔr]
camarera (f)	хӀусамчӏ	[h'usɑmʧ]
maletero (m)	киранхо	[kɪrɑnho]
portero (m)	портье	[pɔrtje]
restaurante (m)	ресторан	[restɔrɑn]
bar (m)	бар	[bɑr]
desayuno (m)	марта	[mɑrt]
cena (f)	пхьор	[phɔr]
buffet (m) libre	шведийн стоьл	[ʃwedɪ:n støl]
vestíbulo (m)	вестибюль	[westɪbʉlj]
ascensor (m)	лифт	[lɪft]
NO MOLESTAR	МА ХЬЕВЕ	[mɑ hewe]
PROHIBIDO FUMAR	ЦИГАЬРКА ОЗА МЕГАШ ДАЦ!	[ʦɪgærk ɔz megaʃ dɑʦ]

EL EQUIPO TÉCNICO. EL TRANSPORTE

El equipo técnico

101. El computador

ordenador (m)	компьютер	[kɔmpjʉter]
ordenador (m) portátil	ноутбук	[nɔutbuk]
encender (vt)	лато	[latɔ]
apagar (vt)	дӏадайа	[d'adaj]
teclado (m)	клавиатура	[klawɪatur]
tecla (f)	пиллиг	[pɪllɪg]
ratón (m)	мышь	[mɪʃ]
alfombrilla (f) para ratón	кузан цуьрг	[kuzan tsɐrg]
botón (m)	кнопка	[knɔpk]
cursor (m)	курсор	[kursɔr]
monitor (m)	монитор	[mɔnɪtɔr]
pantalla (f)	экран	[ɛkran]
disco (m) duro	жёстки диск	[ʒɔstkɪ dɪsk]
volumen (m) de disco duro	жестки дискан барам	[ʒestkɪ dɪskan baram]
memoria (f)	эс	[ɛs]
memoria (f) operativa	оперативни эс	[ɔperatɪvnɪ ɛs]
archivo, fichero (m)	файл	[fajl]
carpeta (f)	папка	[papk]
abrir (vt)	схьаделла	[shadell]
cerrar (vt)	дӏакъовла	[d'aq?ovl]
guardar (un archivo)	ӏалашдан	['alaʃdan]
borrar (vt)	дӏадаккха	[d'adakq]
copiar (vt)	копи яккха	[kɔpɪ jakq]
ordenar (vt) (~ de A a Z, etc.)	сорташ дан	[sɔrtaʃ dan]
copiar (vt)	схьаяздан	[shajazdan]
programa (m)	программа	[prɔgramm]
software (m)	программни кхачам	[prɔgrammnɪ qatʃam]
programador (m)	программист	[prɔgrammɪst]
programar (vt)	программа хӏотто	[prɔgramm h'ɔttɔ]
hacker (m)	хакер	[haker]
contraseña (f)	пароль	[parɔlj]
virus (m)	вирус	[wɪrus]
detectar (vt)	каро	[karɔ]
octeto (m)	байт	[bajt]

megaocteto (m)	мегабайт	[megabajt]
datos (m pl)	хаамаш	[ha'amaʃ]
base (f) de datos	хаамашан база	[ha'amaʃan baz]

cable (m)	кабель	[kabelj]
desconectar (vt)	дӏадаккха	[d'adakq]
conectar (vt)	вовшахтаса	[vɔvʃahtas]

102. El internet. El correo electrónico

internet (m), red (f)	интернет	[ɪnternet]
navegador (m)	браузер	[brauzer]
buscador (m)	лехамийн ресурс	[lehamɪ:n resurs]
proveedor (m)	провайдер	[prɔvajder]

webmaster (m)	веб-мастер	[web master]
sitio (m) web	веб-сайт	[web sajt]
página (f) web	веб-агӏо	[web aɣɔ]

| dirección (f) | адрес | [adres] |
| libro (m) de direcciones | адресийн книга | [adresɪ:n knɪg] |

| buzón (m) | поштан яьшка | [pɔʃtan jæʃk] |
| correo (m) | пошт | [pɔʃt] |

mensaje (m)	хаам	[ha'am]
expedidor (m)	дӏадахьийтинарг	[d'adahɪ:tɪnarg]
enviar (vt)	дӏадахьийта	[d'adahɪ:t]
envío (m)	дӏадахьийтар	[d'adahɪ:tar]

| destinatario (m) | схьаэцархо | [shaetsarhɔ] |
| recibir (vt) | зхьаэца | [zhaets] |

| correspondencia (f) | кехаташ дӏасакхехьийтар | [kehataʃ d'asaqehɪ:tar] |
| escribirse con … | кехаташ дӏасакхехьийта | [kehataʃ d'asaqehɪ:t] |

archivo, fichero (m)	файл	[fajl]
descargar (vt)	чудаккха	[tʃudakq]
crear (vt)	кхолла	[qɔll]
borrar (vt)	дӏадаккха	[d'adakq]
borrado (adj)	дӏадаьккхнарг	[d'adækqnarg]

conexión (f) (ADSL, etc.)	дазар	[dazar]
velocidad (f)	сихалла	[sɪhall]
módem (m)	модем	[mɔdem]

| acceso (m) | тӏекхочийла | [t'eqɔtʃɪ:l] |
| puerto (m) | порт | [pɔrt] |

| conexión (f) (establecer la ~) | дӏатасар | [d'atasar] |
| conectarse a … | дӏатаса | [d'atas] |

| seleccionar (vt) | харжа | [harʒ] |
| buscar (vt) | леха | [leh] |

103. La electricidad

electricidad (f)	электричество	[ɛlektrɪtʃestvɔ]
eléctrico (adj)	электрически	[ɛlektrɪtʃeskɪ]
central (f) eléctrica	электростанци	[ɛlektrɔstantsɪ]
energía (f)	ницкъ	[nɪtsq?]
energía (f) eléctrica	электроницкъ	[ɛlektrɔnɪtsq?]

bombilla (f)	лампа	[lamp]
linterna (f)	фонарик	[fɔnarɪk]
farola (f)	фонарь	[fɔnarʲ]

luz (f)	серло	[serlɔ]
encender (vt)	лато	[latɔ]
apagar (vt)	дIадайа	[dʼadaj]
apagar la luz	серло дIайайа	[serlɔ dʼajaj]

quemarse (vr)	дага	[dag]
circuito (m) corto	электрически серий вовшаххкхетар	[ɛlektrɪtʃeskɪ serɪ: vɔvʃahqetar]
ruptura (f)	хадор	[hadɔr]
contacto (m)	хьакхадалар	[haqadalar]

interruptor (m)	дIайайоург	[dʼajajourg]
enchufe (m)	розетка	[rɔzetk]
clavija (f)	мIара	[mʼar]
alargador (m)	удлинитель	[udlɪnɪtelj]

fusible (m)	предохранитель	[predɔhranɪtelj]
hilo (m)	сара	[sar]
instalación (f) eléctrica	далор	[dalɔr]

amperio (m)	ампер	[amper]
amperaje (m)	токан ицкъ	[tɔkan ɪtsq?]
voltio (m)	вольт	[vɔljt]
voltaje (m)	булам	[bulam]

aparato (m) eléctrico	электроприбор	[ɛlektrɔprɪbɔr]
indicador (m)	индикатор	[ɪndɪkatɔr]

electricista (m)	электрик	[ɛlektrɪk]
soldar (vt)	лато	[latɔ]
soldador (m)	латорг	[latɔrg]
corriente (f)	ток	[tɔk]

104. Las herramientas

instrumento (m)	гIирс	[ɣɪrs]
instrumentos (m pl)	гIирсаш	[ɣɪrsaʃ]
maquinaria (f)	гIирс хIоттор	[ɣɪrs hɔttɔr]

martillo (m)	жIов	[ʒʼɔv]
destornillador (m)	сетал	[setal]

hacha (f)	диг	[dɪg]
sierra (f)	херх	[herh]
serrar (vt)	хьакха	[haq]
cepillo (m)	воттан	[vɔttɑn]
cepillar (vt)	хьекха	[heq]
soldador (m)	латорг	[latɔrg]
soldar (vt)	лато	[latɔ]

lima (f)	ков	[kɔv]
tenazas (f pl)	морзах	[mɔrzah]
alicates (m pl)	чӏапморзах	[tʃ'apmɔrzah]
escoplo (m)	сто	[stɔ]

broca (f)	буру	[buru]
taladro (m)	буру	[buru]
taladrar (vi, vt)	буру хьовзо	[buru hɔvzɔ]

| cuchillo (m) | урс | [urs] |
| filo (m) | дитт | [dɪtt] |

agudo (adj)	ира	[ɪr]
embotado (adj)	аьрта	[ært]
embotarse (vr)	аьртадала	[ærtadal]
afilar (vt)	ирдан	[ɪrdan]

perno (m)	болт	[bɔlt]
tuerca (f)	гайка	[gajk]
filete (m)	агар	[agar]
tornillo (m)	шуруп	[ʃurup]

| clavo (m) | хьостам | [hɔstam] |
| cabeza (f) del clavo | кӏуж | [k'uʒ] |

regla (f)	линейка	[lɪnejk]
cinta (f) métrica	рулетка	[ruletk]
nivel (m) de burbuja	тӏадам	[t'adam]
lupa (f)	бӏаьрг	[b'ærg]

aparato (m) de medida	юсту прибор	[justu prɪbɔr]
medir (vt)	дуста	[dust]
escala (f) (~ métrica)	шкала	[ʃkal]
lectura (f)	гайтам	[gajtam]

| compresor (m) | компрессор | [kɔmpressɔr] |
| microscopio (m) | микроскоп | [mɪkrɔskɔp] |

bomba (f) (~ de agua)	насос	[nasɔs]
robot (m)	робот	[rɔbɔt]
láser (m)	лазер	[lazer]

llave (f) de tuerca	гайкин дорӏа	[gajkɪn dɔɣ]
cinta (f) adhesiva	скоч	[skɔtʃ]
pegamento (m)	клей	[klej]

| papel (m) de lija | ялпаран кехат | [jalparan kehat] |
| resorte (m) | пружина | [pruʒɪn] |

imán (m)	магнит	[magnɪt]
guantes (m pl)	карнаш	[karnaʃ]

cuerda (f)	чуха	[tʃuh]
cordón (m)	тӏийриг	[t'ɪːrɪg]
hilo (m) (~ eléctrico)	сара	[sar]
cable (m)	кабель	[kabelj]

almádana (f)	варзап	[varzap]
barra (f)	ваба	[vab]
escalera (f) portátil	лами	[lamɪ]
escalera (f) de tijera	лами	[lamɪ]

atornillar (vt)	хьовзо	[hɔvzɔ]
destornillar (vt)	схьахьовзо	[shahɔvzɔ]
apretar (vt)	юкъакъовла	[juqʔaqʔɔvl]
pegar (vt)	тӏелато	[t'elatɔ]
cortar (vt)	хедо	[hedɔ]

fallo (m)	доьхнарг	[døhnarg]
reparación (f)	тадар	[tadar]
reparar (vt)	тадан	[tadan]
regular, ajustar (vt)	нисдан	[nɪsdan]

verificar (vt)	хьажа	[haʒ]
control (m)	хьажар	[haʒar]
lectura (f) (~ del contador)	гайтам	[gajtam]

fiable (máquina)	тешаме	[teʃame]
complicado (adj)	чолхе	[tʃɔlhe]

oxidarse (vr)	мекхадола	[meqadɔl]
oxidado (adj)	мекхадоьлла	[meqadøll]
óxido (m)	мекха	[meq]

El transporte

105. El avión

avión (m)	кема	[kem]
billete (m) de avión	авиабилет	[awɪabɪlet]
compañía (f) aérea	авиакомпани	[awɪakɔmpanɪ]
aeropuerto (m)	аэропорт	[aɛrɔpɔrt]
supersónico (adj)	озал тӏехь	[ɔzal t'eh]
comandante (m)	кеман командир	[keman kɔmandɪr]
tripulación (f)	экипаж	[ɛkɪpaʒ]
piloto (m)	кеманхо	[kemanho]
azafata (f)	стюардесса	[stʉardess]
navegador (m)	штурман	[ʃturman]
alas (f pl)	тӏемаш	[t'emaʃ]
cola (f)	цӏога	[ts'ɔg]
cabina (f)	кабина	[kabɪn]
motor (m)	двигатель	[dwɪgatelj]
tren (m) de aterrizaje	шасси	[ʃassɪ]
turbina (f)	бера	[ber]
hélice (f)	бера	[ber]
caja (f) negra	Iаьржа яьшка	['ærʒ jæʃk]
timón (m)	штурвал	[ʃturval]
combustible (m)	ягорг	[jagɔrg]
instructivo (m) de seguridad	инструкци	[ɪnstruktsɪ]
respirador (m) de oxígeno	кислородан маска	[kɪslɔrɔdan mask]
uniforme (m)	униформа	[unɪfɔrm]
chaleco (m) salvavidas	кӏелхьарвоккху жилет	[k'elharvɔkqu ʒɪlet]
paracaídas (m)	четар	[tʃetar]
despegue (m)	хьалагӏаттар	[halaɣattar]
despegar (vi)	хьалагӏатта	[halaɣatt]
pista (f) de despegue	хьалагӏотту аса	[halaɣɔttu as]
visibilidad (f)	гуш хилар	[guʃ hɪlar]
vuelo (m)	дахар	[dahar]
altura (f)	лакхалла	[laqall]
pozo (m) de aire	хӏаваъан ор	[h'ava?an ɔr]
asiento (m)	меттиг	[mettɪg]
auriculares (m pl)	ладугӏургаш	[laduɣurgaʃ]
mesita (f) plegable	цхьалха стол	[tshalha stɔl]
ventana (f)	иллюминатор	[ɪllʉmɪnatɔr]
pasillo (m)	чекхдолийла	[tʃeqdɔlɪːl]

106. El tren

tren (m)	цlерпошт	[ts'erpoʃt]
tren (m) eléctrico	электричка	[ɛlektrɪtʃk]
tren (m) rápido	чехка цlерпошт	[tʃehk ts'erpoʃt]
locomotora (f) diésel	тепловоз	[teplovoz]
tren (m) de vapor	цlермашен	[ts'ermaʃən]

coche (m)	вагон	[vagɔn]
coche (m) restaurante	вагон-ресторан	[vagɔn restɔran]

rieles (m pl)	рельсаш	[reljsaʃ]
ferrocarril (m)	аьчка некъ	['ætʃk neq?]
traviesa (f)	шпала	[ʃpal]

plataforma (f)	платформа	[platfɔrm]
vía (f)	некъ	[neq?]
semáforo (m)	семафор	[semafɔr]
estación (f)	станци	[stantsɪ]

maquinista (m)	машинхо	[maʃɪnho]
maletero (m)	киранхо	[kɪranho]
mozo (m) del vagón	проводник	[prɔvɔdnɪk]
pasajero (m)	пассажир	[passaʒɪr]
revisor (m)	контролёр	[kɔntrɔlʲor]

corredor (m)	уче	[utʃe]
freno (m) de urgencia	стоп-кран	[stɔp kran]

compartimiento (m)	купе	[kupe]
litera (f)	терхи	[terhɪ]
litera (f) de arriba	лакхара терхи	[laqar terhɪ]
litera (f) de abajo	лахара терхи	[lahar terhɪ]
ropa (f) de cama	меттан лоччарш	[mettan lɔtʃarʃ]

billete (m)	билет	[bɪlet]
horario (m)	расписани	[raspɪsanɪ]
pantalla (f) de información	хаамийн у	[ha:mɪ:n u]

partir (vi)	дlадаха	[d'adah]
partida (f) (del tren)	дlадахар	[d'adahar]

llegar (tren)	схьакхача	[shaqatʃ]
llegada (f)	схьакхачар	[shaqatʃar]

llegar en tren	цlерпоштахь ван	[ts'erpoʃtah van]
tomar el tren	цlерпошта тlе хаа	[ts'erpoʃt t'e ha'a]
bajar del tren	цlерпошта тlера охьадосса	[ts'erpoʃt t'er ɔhadɔss]

descarrilamiento (m)	харцар	[hartsar]
tren (m) de vapor	цlермашен	[ts'ermaʃən]
fogonero (m)	кочегар	[kɔtʃegar]
hogar (m)	дагор	[dagɔr]
carbón (m)	кlора	[k'ɔr]

107. El barco

buque (m)	кема	[kem]
navío (m)	кема	[kem]
buque (m) de vapor	цӏеркема	[ts'erkem]
motonave (m)	теплоход	[teplɔhod]
trasatlántico (m)	лайнер	[lajner]
crucero (m)	крейсер	[krejser]
yate (m)	яхта	[jaht]
remolcador (m)	буксир	[buksɪr]
barcaza (f)	баржа	[barʒ]
ferry (m)	бурам	[buram]
velero (m)	гатанан кема	[gatanan kem]
bergantín (m)	бригантина	[brɪgantɪn]
rompehielos (m)	ша-кема	[ʃa kem]
submarino (m)	хи бухахула лела кема	[hɪ buhahul lel kem]
bote (m) de remo	кема	[kem]
bote (m)	шлюпка	[ʃlʉpk]
bote (m) salvavidas	кӏелхьарвоккху шлюпка	[k'elharvɔkqu ʃlʉpk]
lancha (f) motora	катер	[kater]
capitán (m)	капитан	[kapɪtan]
marinero (m)	хӏордахо	[h'ɔrdaho]
marino (m)	хӏордахо	[h'ɔrdaho]
tripulación (f)	экипаж	[ɛkɪpaʒ]
contramaestre (m)	боцман	[bɔtsman]
grumete (m)	юнга	[jung]
cocinero (m) de abordo	кок	[kɔk]
médico (m) del buque	хи кеман лор	[hɪ keman lɔr]
cubierta (f)	палуба	[palub]
mástil (m)	мачта	[matʃt]
vela (f)	гата	[gat]
bodega (f)	трюм	[trʉm]
proa (f)	кеман мара	[keman mar]
popa (f)	кеман цӏога	[keman ts'ɔg]
remo (m)	пийсиг	[pɪːsɪg]
hélice (f)	винт	[wɪnt]
camarote (m)	каюта	[kajut]
sala (f) de oficiales	кают-компани	[kajut kɔmpanɪ]
sala (f) de máquinas	машинийн отделени	[maʃɪnɪːn ɔtdelenɪ]
puente (m) de mando	капитанан тӏай	[kapɪtanan t'aj]
sala (f) de radio	радиотрубка	[radɪɔtrubk]
onda (f)	тулгӏе	[tulɣe]
cuaderno (m) de bitácora	кеман журнал	[keman ʒurnal]
anteojo (m)	турмал	[turmal]
campana (f)	горгал	[gɔrgal]

bandera (f)	байракх	[bajraq]
cabo (m) (maroma)	муш	[muʃ]
nudo (m)	шад	[ʃad]
pasamano (m)	тӏам	[t'am]
pasarela (f)	лами	[lamɪ]
ancla (f)	якорь	[jakɔrʲ]
levar ancla	якорь хьалаайа	[jakɔrʲ hala'aj]
echar ancla	якорь кхосса	[jakɔrʲ qɔss]
cadena (f) del ancla	якоран зӏе	[jakɔran z'e]
puerto (m)	порт	[pɔrt]
embarcadero (m)	дӏатосийла	[d'atɔsɪːl]
amarrar (vt)	йистедало	[jɪstedalɔ]
desamarrar (vt)	дӏадаха	[d'adah]
viaje (m)	араваьлла лелар	[aravæll lelar]
crucero (m) (viaje)	круиз	[kruɪz]
derrota (f) (rumbo)	курс	[kurs]
itinerario (m)	маршрут	[marʃrut]
canal (m) navegable	фарватер	[farvater]
bajío (m)	гомхалла	[gɔmhall]
encallar (vi)	гӏамарла даха	[ɣamarl dah]
tempestad (f)	дарц	[darts]
señal (f)	сигнал	[sɪgnal]
hundirse (vr)	бухадаха	[buhadah]
SOS	SOS	[sɔs]
aro (m) salvavidas	кӏелхьарвоккху го	[k'elharvɔkqu gɔ]

108. El aeropuerto

aeropuerto (m)	аэропорт	[aerɔpɔrt]
avión (m)	кема	[kem]
compañía (f) aérea	авиакомпани	[awɪakɔmpanɪ]
controlador (m) aéreo	диспетчер	[dɪspetʃer]
despegue (m)	дӏадахар	[d'adahar]
llegada (f)	схьакхачар	[shaqatʃar]
llegar (en avión)	схьакхача	[shaqatʃ]
hora (f) de salida	гӏовтаран хан	[ɣɔvtaran han]
hora (f) de llegada	схьакхачаран хан	[shaqatʃaran han]
retrasarse (vr)	хьедала	[hedal]
retraso (m) de vuelo	хьедар	[hedar]
pantalla (f) de información	хаамийн табло	[haːmɪːn tablɔ]
información (f)	хаам	[ha'am]
anunciar (vt)	кхайкхо	[qajqɔ]
vuelo (m)	рейс	[rejs]
aduana (f)	таможни	[tamɔʒnɪ]

aduanero (m)	таможхо	[tamɔʒho]
declaración (f) de aduana	декларации	[deklaratsɪ]
rellenar la declaración	декларации язъян	[deklaratsɪ jazʔjan]
control (m) de pasaportes	паспортан контроль	[pastpɔrtan kɔntrɔlj]
equipaje (m)	кира	[kɪr]
equipaje (m) de mano	куьйга леладен кира	[kujg leladen kɪr]
carrito (m) de equipaje	гӏудалкх	[ɣudalq]
aterrizaje (m)	охьахаар	[ɔhaha'ar]
pista (f) de aterrizaje	охьахааден аса	[ɔhaha'aden as]
aterrizar (vi)	охьахаа	[ɔhaha'a]
escaleras (f pl) (de avión)	лами	[lamɪ]
facturación (f) (check-in)	регистраци	[regɪstratsɪ]
mostrador (m) de facturación	регистрацин гӏопаста	[regɪstratsɪn ɣɔpast]
hacer el check-in	регистраци ян	[regɪstratsɪ jan]
tarjeta (f) de embarque	тӏехааден талон	[t'eha'aden talɔn]
puerta (f) de embarque	арадалар	[aradalar]
tránsito (m)	транзит	[tranzɪt]
esperar (aguardar)	хьежа	[heʒ]
zona (f) de preembarque	хьежаран зал	[heʒaran zal]
despedir (vt)	новкъадаккха	[nɔvqʔadakq]
despedirse (vr)	ӏодика ян	['ɔdɪk jan]

Acontecimentos de la vida

109. Los días festivos. Los eventos

fiesta (f)	дезде	[dezde]
fiesta (f) nacional	къаьмнийн дезде	[qʔæmnɪːn dezde]
día (m) de fiesta	деза де	[dez de]
festejar (vt)	даздан	[dazdan]

evento (m)	хилларг	[hɪllarg]
medida (f)	мероприяти	[merɔprɪjatɪ]
banquete (m)	той	[tɔj]
recepción (f)	тIеэцар	[tʼɛɛtsar]
festín (m)	той	[tɔj]

aniversario (m)	шо кхачар	[ʃɔ qatʃar]
jubileo (m)	юбилей	[jubɪlej]
celebrar (vt)	билгалдаккха	[bɪlgaldakq]

Año (m) Nuevo	Керла шо	[kerl ʃɔ]
¡Feliz Año Nuevo!	Керлачу шарца декъал дойла шу!	[kerlatʃu ʃarts deqʔal dɔjl ʃu]

Navidad (f)	Рождество	[rɔʒdestvɔ]
¡Feliz Navidad!	Рождествоца декъал дойла шу!	[rɔʒdestvɔts deqʔal dɔjl ʃu]
árbol (m) de Navidad	керлачу шеран ёлка	[kerlatʃu ʃəran jolk]
fuegos (m pl) artificiales	салют	[salut]

boda (f)	ловзар	[lɔvzar]
novio (m)	зуда ехна стаг	[zud ehn stag]
novia (f)	нускал	[nuskal]

invitar (vt)	схьакхайкха	[shaqajq]
tarjeta (f) de invitación	кхайкхар	[qajqar]

invitado (m)	хьаша	[haʃ]
visitar (vt) (a los amigos)	хьошалгIа ваха	[hɔʃalɣ vahʼ]
recibir a los invitados	хьешашна дуьхьалваха	[heʃaʃn dʉhalvah]

regalo (m)	совгIат	[sɔvɣat]
regalar (vt)	совгIатна дала	[sɔvɣatn dal]
recibir regalos	совгIаташ схьаэца	[sɔvɣataʃ shaʼɛts]
ramo (m) de flores	курс	[kurs]

felicitación (f)	декъалдар	[deqʔaldar]
felicitar (vt)	декъалдан	[deqʔaldan]

tarjeta (f) de felicitación	декъалден открытка	[deqʔalden ɔtkrɪtk]
enviar una tarjeta	открытка дIадахьийта	[ɔtkrɪtk dʼadahɪːt]

recibir una tarjeta	открытка схьаэца	[ɔtkrɪtk shɑəts]
brindis (m)	кад	[kɑd]
ofrecer (~ una copa)	дала	[dɑl]
champaña (f)	шампански	[ʃɑmpɑnskɪ]

divertirse (vr)	сакъера	[sɑqʔer]
diversión (f)	сакъерар	[sɑqʔerɑr]
alegría (f) (emoción)	хазахетар	[hɑzɑhetɑr]

| baile (m) | хелхар | [helhɑr] |
| bailar (vi, vt) | хелхадала | [helhɑdɑl] |

| vals (m) | вальс | [vɑljs] |
| tango (m) | танго | [tɑngɔ] |

110. Los funerales. El entierro

cementerio (m)	кешнаш	[keʃnɑʃ]
tumba (f)	каш	[kɑʃ]
lápida (f)	чурт	[tʃurt]
verja (f)	керт	[kert]
capilla (f)	килс	[kɪls]

muerte (f)	далар	[dɑlɑr]
morir (vi)	дала	[dɑl]
difunto (m)	велларг	[wellɑrg]
luto (m)	1аьржа	[ˈærʒ]

enterrar (vt)	д1адолла	[dˈadɔll]
funeraria (f)	велчан ламаста ден бюро	[weltʃɑn lɑmɑst den bʉrɔ]
entierro (m)	тезет	[tezet]

corona (f) funeraria	кочар	[kɔtʃɑr]
ataúd (m)	гроб	[grɔb]
coche (m) fúnebre	катафалк	[kɑtɑfɑlk]
mortaja (f)	марчо	[mɑrtʃɔ]

| urna (f) funeraria | урна | [urn] |
| crematorio (m) | крематорий | [kremɑtɔrɪ] |

necrología (f)	некролог	[nekrɔlɔg]
llorar (vi)	делха	[delh]
sollozar (vi)	делха	[delh]

111. La guerra. Los soldados

sección (f)	завод	[zɑvɔd]
compañía (f)	рота	[rɔt]
regimiento (m)	полк	[pɔlk]
ejército (m)	эскар	[ɛskɑr]
división (f)	дивизи	[dɪwɪzɪ]
destacamento (m)	тоба	[tɔb]

hueste (f)	эскар	[ɛskar]
soldado (m)	салти	[saltɪ]
oficial (m)	эпсар	[ɛpsar]

soldado (m) raso	морlарера	[mɔɣarer]
sargento (m)	сержант	[serʒant]
teniente (m)	лейтенант	[lejtenant]
capitán (m)	капитан	[kapɪtan]
mayor (m)	майор	[major]
coronel (m)	полковник	[pɔlkɔvnɪk]
general (m)	инарла	[ɪnarl]

marino (m)	хlордахо	[h'ɔrdaho]
capitán (m)	капитан	[kapɪtan]
contramaestre (m)	боцман	[bɔtsman]

artillero (m)	артиллерист	[artɪllerɪst]
paracaidista (m)	десантхо	[desantho]
piloto (m)	кеманхо	[kemanho]
navegador (m)	штурман	[ʃturman]
mecánico (m)	механик	[mehanɪk]

zapador (m)	сапёр	[sapʲor]
paracaidista (m)	парашютхо	[paraʃɥtho]
explorador (m)	талламхо	[tallamhɔ]
francotirador (m)	иччархо	[ɪtʃarhɔ]

patrulla (f)	патруль	[patrulj]
patrullar (vi, vt)	гlаролла дан	[ɣarɔll dan]
centinela (m)	гlарол	[ɣarɔl]

guerrero (m)	эскархо	[ɛskarhɔ]
patriota (m)	патриот	[patrɪɔt]
héroe (m)	турпалхо	[turpalho]
heroína (f)	турпалхо	[turpalho]

traidor (m)	ямартхо	[jamartho]
desertor (m)	деддарг	[deddarg]
desertar (vi)	дада	[dad]

mercenario (m)	ялхо	[jalho]
recluta (m)	керла бlахо	[kerl b'aho]
voluntario (m)	лаамерниг	[la'amernɪg]

muerto (m)	дийнарг	[dɪːnarg]
herido (m)	чов хилла	[tʃov hɪll]
prisionero (m)	йийсархо	[jɪːsarhɔ]

112. La guerra. Las maniobras militares. Unidad 1

guerra (f)	тlом	[t'ɔm]
estar en guerra	тlом бан	[t'ɔm ban]
guerra (f) civil	граждански тlом	[graʒdanskɪ t'ɔm]
pérfidamente (adv)	тешнабехкехь	[teʃnabehkeh]

declaración (f) de guerra	дӏахьебан	[d'aheban]
declarar (~ la guerra)	хьебан	[heban]
agresión (f)	агресси	[agressɪ]
atacar (~ a un país)	тӏелата	[t'elat]

invadir (vt)	дӏалаца	[d'alats]
invasor (m)	дӏалецархо	[d'aletsarhɔ]
conquistador (m)	даккхархо	[dakqarhɔ]

defensa (f)	дуьхьало, лардар	[dʉhalɔ], [lardar]
defender (vt)	дуьхьало ян, лардан	[dʉhalɔ jan], [lardan]
defenderse (vr)	дуьхьало ян	[dʉhalɔ jan]

| enemigo (m), adversario (m) | мостагӏ | [mɔstaɣ] |
| enemigo (adj) | мостагӏийн | [mɔstaɣɪːn] |

| estrategia (f) | стратеги | [strategɪ] |
| táctica (f) | тактика | [taktɪk] |

orden (f)	омра	[ɔmr]
comando (m)	буьйр	[bʉjr]
ordenar (vt)	омра дан	[ɔmr dan]
misión (f)	тӏедиллар	[t'edɪllar]
secreto (adj)	къайлаха	[qʔajlah]

| batalla (f) | латар | [latar] |
| combate (m) | тӏом | [t'ɔm] |

ataque (m)	атака	[atak]
asalto (m)	штурм	[ʃturm]
tomar por asalto	штурм ян	[ʃturm jan]
asedio (m), sitio (m)	лацар	[latsar]

| ofensiva (f) | тӏелатар | [t'elatar] |
| tomar la ofensiva | тӏелета | [t'elet] |

| retirada (f) | юхадалар | [juhadalar] |
| retirarse (vr) | юхадала | [juhadal] |

| envolvimiento (m) | го бар | [gɔ bar] |
| cercar (vt) | го бан | [gɔ ban] |

bombardeo (m)	бомбанаш еттар	[bɔmbanaʃ ettar]
lanzar una bomba	бомб чукхосса	[bɔmb tʃukqɔss]
bombear (vt)	бомбанаш етта	[bɔmbanaʃ ett]
explosión (f)	эккхар	[ɛkqar]

tiro (m), disparo (m)	ялар	[jalar]
disparar (vi)	кхосса	[qɔss]
tiroteo (m)	кхийсар	[qɪːsar]

apuntar a ...	хьежо	[heʒɔ]
encarar (apuntar)	тӏехьажо	[t'ehaʒɔ]
alcanzar (el objetivo)	кхета	[qet]
hundir (vt)	хи бухадахийта	[hɪ buhadahɪːt]
brecha (f) (~ en el casco)	ӏуьрг	['ʉrg]

hundirse (vr)	хи буха даха	[hɪ buha dah]
frente (m)	фронт	[frɔnt]
evacuación (f)	эвакуаци	[ɛvakuatsɪ]
evacuar (vt)	эвакуаци ян	[ɛvakuatsɪ jan]
trinchera (f)	окоп, траншей	[ɔkɔp], [tranʃəj]
alambre (m) de púas	кIохцал-сара	[k'ɔhtsal sar]
barrera (f) (~ antitanque)	дуьхьало	[dᵾhalɔ]
torre (f) de vigilancia	чардакх	[tʃardaq]
hospital (m)	госпиталь	[gɔspɪtalj]
herir (vt)	чов ян	[tʃɔv jan]
herida (f)	чов	[tʃɔv]
herido (m)	чов хилла	[tʃɔv hɪll]
recibir una herida	чов хила	[tʃɔv hɪl]
grave (herida)	хала	[hal]

113. La guerra. Las maniobras militares. Unidad 2

cautiverio (m)	йийсарехь хилар	[jɪːsareh hɪlar]
capturar (vt)	йийсар дан	[jɪːsar dan]
estar en cautiverio	йийсарехь хила	[jɪːsareh hɪl]
caer prisionero	йийсарехь кхача	[jɪːsareh qatʃ]
campo (m) de concentración	концлагерь	[kɔntslagerʲ]
prisionero (m)	йийсархо	[jɪːsarhɔ]
escapar (de cautiverio)	дада	[dad]
traicionar (vt)	ямартдала	[jamartdal]
traidor (m)	ямартхо	[jamarthɔ]
traición (f)	ямартло	[jamartlɔ]
fusilar (vt)	тоьпаш тоха	[tøpaʃ tɔh]
fusilamiento (m)	тоьпаш тохар	[tøpaʃ tɔhar]
equipo (m) (uniforme, etc.)	духар	[duhar]
hombrera (f)	погон	[pɔgɔn]
máscara (f) antigás	противогаз	[prɔtɪvɔgaz]
radio transmisor (m)	раци	[ratsɪ]
cifra (f) (código)	шифр	[ʃifr]
conspiración (f)	конспираци	[kɔnspɪratsɪ]
contraseña (f)	пароль	[parɔlj]
mina (f) terrestre	мина	[mɪn]
minar (poner minas)	минаш яхка	[mɪnaʃ jahk]
campo (m) minado	минийн аре	[mɪniːn are]
alarma (f) aérea	хIаваан орца	[h'ava'an ɔrts]
alarma (f)	орца	[ɔrts]
señal (f)	сигнал	[sɪgnal]
cohete (m) de señales	хааман ракета	[ha'aman raket]
estado (m) mayor	штаб	[ʃtab]
reconocimiento (m)	разведка	[razwedk]

situación (f)	хьал	[hal]
informe (m)	рапорт	[raport]
emboscada (f)	кӏело	[k'elɔ]
refuerzo (m)	гӏо	[ɣɔ]

blanco (m)	гӏакх	[ɣaq]
terreno (m) de prueba	полигон	[pɔlɪgɔn]
maniobras (f pl)	манёвраш	[manʲɔvraʃ]

pánico (m)	дохар	[dɔhar]
devastación (f)	бохор	[bɔhor]
destrucciones (f pl)	дохор	[dɔhor]
destruir (vt)	дохо	[dɔho]

sobrevivir (vi, vt)	дийна диса	[dɪːn dɪs]
desarmar (vt)	герз схьадаккха	[gerz shadakq]
manejar (un arma)	лело	[lelɔ]

| ¡Firmes! | Тийна! | [tɪːn] |
| ¡Descanso! | Паргӏат! | [parɣat] |

hazaña (f)	хьуьнар	[hʉnar]
juramento (m)	дуй	[duj]
jurar (vt)	дуй баа	[duj baˈa]

condecoración (f)	совгӏат	[sɔvɣat]
condecorar (vt)	совгӏат дала	[sɔvɣat dal]
medalla (f)	мидал	[mɪdal]
orden (f) (~ de Merito)	орден	[ɔrden]

victoria (f)	толам	[tɔlam]
derrota (f)	эшар	[ɛʃar]
armisticio (m)	маслаӏат	[maslaˈat]

bandera (f)	байракх	[bajraq]
gloria (f)	гӏардалар	[ɣardalar]
desfile (m) militar	парад	[parad]
marchar (desfilar)	марш-болар дан	[marʃ bɔlar dan]

114. Las armas

arma (f)	герз	[gerz]
arma (f) de fuego	долу герз	[dɔlu gerz]
arma (f) blanca	шийла герз	[ʃɪːl gerz]

arma (f) química	химически герз	[hɪmɪtʃeskɪ gerz]
nuclear (adj)	ядеран	[jaderan]
arma (f) nuclear	ядеран герз	[jaderan gerz]

| bomba (f) | бомба | [bɔmb] |
| bomba (f) atómica | атоман бомба | [atɔman bɔmb] |

| pistola (f) | тапча | [taptʃ] |
| fusil (m) | топ | [tɔp] |

metralleta (f)	автомат	[ɑvtɔmɑt]
ametralladora (f)	пулемёт	[pulemʲot]
boca (f)	Iуьрг	[ˈʉrg]
cañón (m) (del arma)	чIижаргIа	[t͡ʃʼɪʒɑrɣ]
calibre (m)	калибр	[kɑlɪbr]
gatillo (m)	лаг	[lɑg]
alza (f)	лалашо	[ˈɑlɑʃɔ]
cargador (m)	гIутакх	[ɣutɑq]
culata (f)	хен	[hen]
granada (f) de mano	гранат	[grɑnɑt]
explosivo (m)	оьккхург	[økqurg]
bala (f)	даьндарг	[dændɑrg]
cartucho (m)	патарма	[pɑtɑrm]
carga (f)	бустам	[bustɑm]
pertrechos (m pl)	тIеман гIирс	[tʼemɑn ɣɪrs]
bombardero (m)	бомбардировщик	[bɔmbɑrdɪrɔvɕɪk]
avión (m) de caza	истребитель	[ɪstrebɪtelj]
helicóptero (m)	вертолёт	[wertɔlʲot]
antiaéreo (m)	зенитка	[zenɪtk]
tanque (m)	танк	[tɑnk]
cañón (m) (de un tanque)	йоккха топ	[jokq tɔp]
artillería (f)	артиллери	[ɑrtɪllerɪ]
dirigir (un misil, etc.)	тIехьажо	[tʼehɑʒɔ]
obús (m)	снаряд	[snɑrʲɑd]
bomba (f) de mortero	мина	[mɪn]
mortero (m)	миномёт	[mɪnɔmʲot]
trozo (m) de obús	гериг	[gerɪg]
submarino (m)	хи буха лела кема	[hɪ buhɑ lel kem]
torpedo (m)	торпеда	[tɔrped]
misil (m)	ракета	[rɑket]
cargar (pistola)	дуза	[duz]
tirar (vi)	кхийса	[qɪːs]
apuntar a …	хьежо	[heʒɔ]
bayoneta (f)	цхьамза	[t͡shɑmz]
espada (f) (duelo a ~)	шпага	[ʃpɑg]
sable (m)	тур	[tur]
lanza (f)	гоьмукъ	[gømuqʔ]
arco (m)	секха lад	[seq ˈɑd]
flecha (f)	пха	[ph]
mosquete (m)	мушкет	[muʃket]
ballesta (f)	арбалет	[ɑrbɑlet]

115. Los pueblos antiguos

primitivo (adj)	духхьарлера	[duharler]
prehistórico (adj)	историл хьалхара	[ɪstɔrɪl halhar]
antiguo (adj)	мацахлера	[matsahler]
Edad (f) de Piedra	ТӀулган оьмар	[t'ulgan ømar]
Edad (f) de Bronce	бронзанан оьмар	[brɔnzanan ømar]
Edad (f) de Hielo	шен зама	[ʃen zam]
tribu (f)	тукхам	[tuqam]
caníbal (m)	нахбуург	[nahbu'urg]
cazador (m)	таллархо	[tallarhɔ]
cazar (vi, vt)	талла эха	[tall ɛh]
mamut (m)	мамонт	[mamɔnt]
caverna (f)	хьех	[heh]
fuego (m)	цӀе	[ts'e]
hoguera (f)	цӀе	[ts'e]
pintura (f) rupestre	тархаш тӀера суьрташ	[tarhaʃ t'er sʉrtaʃ]
útil (m)	къинхьегаман гӀирс	[qʔɪnhegaman ɣɪrs]
lanza (f)	гоьмукъ	[gømuqʔ]
hacha (f) de piedra	тӀулгийн диг	[t'ulgiːn dɪg]
estar en guerra	тӀом бан	[t'ɔm ban]
domesticar (vt)	караламо	[kara'amɔ]
ídolo (m)	цӀу	[ts'u]
adorar (vt)	текъа	[teqʔ]
superstición (f)	доьгӀначух тешар	[døɣnatʃuh teʃar]
rito (m)	ӀадатI	['adat]
evolución (f)	эволюци	[ɛvɔlʉtsɪ]
desarrollo (m)	кхиам	[qɪam]
desaparición (f)	дӀадалар	[d'adalar]
adaptarse (vr)	дӀадола	[d'adɔl]
arqueología (f)	археологи	[arheolɔgɪ]
arqueólogo (m)	археолог	[arheolɔg]
arqueológico (adj)	археологин	[arheolɔgɪn]
sitio (m) de excavación	ахкар	[ahkar]
excavaciones (f pl)	ахкар	[ahkar]
hallazgo (m)	карийнарг	[karɪːnarg]
fragmento (m)	дакъа	[daqʔ]

116. La edad media

pueblo (m)	халкъ	[halqʔ]
pueblos (m pl)	адамаш	[adamaʃ]
tribu (f)	тукхам	[tuqam]
tribus (f pl)	тукхамаш	[tuqamaʃ]
bárbaros (m pl)	варварш	[varvarʃ]

galos (m pl)	галлаш	[gallaʃ]
godos (m pl)	готаш	[gɔtaʃ]
eslavos (m pl)	славянаш	[slavʲanaʃ]
vikingos (m pl)	викинг	[wɪkɪng]

| romanos (m pl) | римлянаш | [rɪmljanaʃ] |
| romano (adj) | римски | [rɪmskɪ] |

bizantinos (m pl)	византийцаш	[wɪzantɪːtsaʃ]
Bizancio (m)	Византи	[wɪzantɪ]
bizantino (adj)	византийн	[wɪzantɪːn]

emperador (m)	император	[ɪmperatɔr]
jefe (m)	баьчча	[bætʃ]
poderoso (adj)	нуьцкъала	[nʉtsqʔal]
rey (m)	паччахь	[patʃah]
gobernador (m)	урхалча	[urhaltʃ]

caballero (m)	къонах	[qʔɔnah]
señor (m) feudal	феодал	[feɔdal]
feudal (adj)	феодалийн	[feɔdalɪːn]
vasallo (m)	вассал	[vassal]

duque (m)	герцог	[gertsɔg]
conde (m)	граф	[graf]
barón (m)	барон	[barɔn]
obispo (m)	епископ	[epɪskɔp]

armadura (f)	гIарI	[ɣaɣ]
escudo (m)	турс	[turs]
espada (f) (danza de ~s)	гIалакх	[ɣalaq]
visera (f)	цхар	[tshar]
cota (f) de malla	гIарI	[ɣaɣ]

| cruzada (f) | жIаран тIом | [ʒ'aran t'ɔm] |
| cruzado (m) | жIархо | [ʒ'arhɔ] |

territorio (m)	латта	[latt]
atacar (~ a un país)	тIелата	[t'elat]
conquistar (vt)	даккха	[dakq]
ocupar (invadir)	дIалаца	[d'alats]

asedio (m), sitio (m)	лацар	[latsar]
sitiado (adj)	лаьцна	[lætsn]
asediar, sitiar (vt)	лаца	[lats]

inquisición (f)	Iазап латтор	['azap lattɔr]
inquisidor (m)	Iазап латторхо	['azap lattɔrhɔ]
tortura (f)	Iазап	['azap]
cruel (adj)	къиза	[qʔɪz]
hereje (m)	мунепакъ	[munepaqʔ]
herejía (f)	мунепакъ-Iилма	[munepaqʔ 'ɪlm]

navegación (f) marítima	хикема лелор	[hɪkem lelɔr]
pirata (m)	пират	[pɪrat]
piratería (f)	пираталла	[pɪratall]

abordaje (m)	абордаж	[abɔrdaʒ]
botín (m)	хӀонц	[h'ɔnts]
tesoros (m pl)	хазна	[hazn]

descubrimiento (m)	гучудаккхар	[gutʃudakqar]
descubrir (tierras nuevas)	гучудаккха	[gutʃudakq]
expedición (f)	экспедици	[ɛkspedɪtsɪ]

mosquetero (m)	мушкетёр	[muʃket'or]
cardenal (m)	кардинал	[kardɪnal]
heráldica (f)	геральдика	[geraljdɪk]
heráldico (adj)	геральдически	[geraljdɪtʃeskɪ]

117. El líder. El jefe. Las autoridades

rey (m)	паччахь	[patʃah]
reina (f)	зуда-паччахь	[zud patʃah]
real (adj)	паччахьан	[patʃahan]
reino (m)	паччахьалла	[patʃahall]

| príncipe (m) | принц | [prɪnts] |
| princesa (f) | принцесса | [prɪntsess] |

presidente (m)	президент	[patʃah]
vicepresidente (m)	вице-президент	[wɪtse prezɪdent]
senador (m)	сенатхо	[senatho]

monarca (m)	монарх	[mɔnarh]
gobernador (m)	урхалча	[urhaltʃ]
dictador (m)	диктатор	[dɪktatɔr]
tirano (m)	Ӏазапхо	['azapho]
magnate (m)	магнат	[magnat]

director (m)	директор	[dɪrektɔr]
jefe (m)	куьйгалхо	[kʉjgalho]
gerente (m)	урхалхо	[urhalho]
amo (m)	хьаькам	[hækam]
dueño (m)	да	[d]

jefe (m) (~ de delegación)	куьйгалхо	[kʉjgalho]
autoridades (f pl)	хьаькамаш	[hækamaʃ]
superiores (m pl)	хьаькамаш	[hækamaʃ]

gobernador (m)	губернатор	[gubernatɔr]
cónsul (m)	консул	[kɔnsul]
diplomático (m)	дипломат	[dɪplɔmat]

| alcalde (m) | мэр | [mɛr] |
| sheriff (m) | шериф | [ʃərɪf] |

emperador (m)	император	[ɪmperatɔr]
zar (m)	паччахь	[patʃah]
faraón (m)	пирӀон	[pɪr'ɔn]
jan (m), kan (m)	хан	[han]

118. Violar la ley. Los criminales. Unidad 1

bandido (m)	талорхо	[talɔrhɔ]
crimen (m)	зулам	[zulam]
criminal (m)	зуламхо	[zulamhɔ]
ladrón (m)	къу	[qʔu]
robo (m)	къола	[qʔɔl]
secuestrar (vt)	лачкъо	[latʃqʔɔ]
secuestro (m)	лачкъор	[latʃqʔɔr]
secuestrador (m)	лачкъийнарг	[latʃqʔɪːnarg]
rescate (m)	мах	[mah]
exigir un rescate	мехах схьаэцар	[mehah shaətsar]
robar (vt)	талор дан	[talɔr dan]
robo (m)	талор, талор дар	[talɔr], [talɔr dar]
atracador (m)	талорхо	[talɔrhɔ]
extorsionar (vt)	нуьцкъала даккха	[nʉtsqʔal dakq]
extorsionista (m)	даккха гӏертарг	[dakq ɣertarg]
extorsión (f)	нуьцкъала даккхар	[nʉtsqʔal dakqar]
matar, asesinar (vt)	ден	[den]
asesinato (m)	дер	[der]
asesino (m)	дийнарг	[dɪːnarg]
tiro (m), disparo (m)	ялар	[jalar]
disparar (vi)	кхосса	[qɔss]
matar (a tiros)	тоьпаца ден	[tøpats den]
tirar (vi)	кхийса	[qɪːs]
tiroteo (m)	кхийсар	[qɪːsar]
incidente (m)	хилларг	[hɪllarg]
pelea (f)	вовшахлатар	[vɔvʃahlatar]
¡Socorro!	Гӏо дан кхайкха! Орца дала!	[ɣɔ dan qajqa!], [ɔrts dal]
víctima (f)	хӏаллакъхилларг	[hʼallaqʔɪllarg]
perjudicar (vt)	зен дан	[zen dan]
daño (m)	зен	[zen]
cadáver (m)	дакъа	[daqʔ]
grave (un delito ~)	доккха	[dɔkq]
atacar (vt)	тӏелата	[tʼelat]
pegar (golpear)	етта	[ett]
apporear (vt)	етта	[ett]
quitar (robar)	дӏадаккха	[dʼadakq]
acuchillar (vt)	урс хьакха	[urs haq]
mutilar (vt)	заьӏап дан	[zæʼap dan]
herir (vt)	чов ян	[tʃov jan]
chantaje (m)	шантаж	[ʃantaʒ]
hacer chantaje	шантаж ян	[ʃantaʒ jan]

chantajista (m)	шантажхо	[ʃantaʒho]
extorsión (f)	рэкет	[rɛket]
extorsionador (m)	рэкитхо	[rɛkɪtho]
gángster (m)	гангстер	[gangster]
mafia (f)	мафи	[mafɪ]

carterista (m)	кисанан курхалча	[kɪsanan kurhaltʃ]
ladrón (m) de viviendas	къу	[q?u]
contrabandismo (m)	контрабанда	[kɔntraband]
contrabandista (m)	контрабандхо	[kɔntrabandho]

falsificación (f)	харц хӏума дар	[harts h'um dar]
falsificar (vt)	тардан	[tardan]
falso (falsificado)	харц	[harts]

119. Violar la ley. Los criminales. Unidad 2

violación (f)	хьийзор	[hɪːzɔr]
violar (vt)	хьийзо	[hɪːzɔ]
violador (m)	ницкъбархо	[nɪtsq?barhɔ]
maníaco (m)	маньяк	[manjak]

prostituta (f)	кхахьпа	[qahp]
prostitución (f)	кхахьпалла	[qahpall]
chulo (m), proxeneta (m)	сутенёр	[sutenʲor]

| drogadicto (m) | наркоман | [narkɔman] |
| narcotraficante (m) | наркотикаш йохкархо | [narkɔtɪkaʃ johkarhɔ] |

hacer explotar	эккхийта	[ɛkqɪːt]
explosión (f)	эккхар	[ɛkqar]
incendiar (vt)	лато	[latɔ]
incendiario (m)	цӏетасархо	[tsʼetasarhɔ]

terrorismo (m)	терроризм	[terrɔrɪzm]
terrorista (m)	террорхо	[terrɔrhɔ]
rehén (m)	закъалт	[zaq?alt]

estafar (vt)	ӏехо	[ʼeho]
estafa (f)	ӏехор	[ʼehor]
estafador (m)	хӏилланча	[hʼɪllantʃ]

sobornar (vt)	эца	[ɛts]
soborno (m) (delito)	эцар	[ɛtsar]
soborno (m) (dinero, etc.)	кхаъ	[qa?]

veneno (m)	дӏовш	[dʼɔvʃ]
envenenar (vt)	дӏовш мало	[dʼɔvʃ malɔ]
envenenarse (vr)	дӏовш мала	[dʼɔvʃ mal]

suicidio (m)	ша-шен дар	[ʃa ʃən dar]
suicida (m, f)	ша-шен дийнарг	[ʃa ʃən dɪːnarg]
amenazar (vt)	кхерам тийса	[qeram tɪːs]
amenaza (f)	кхерор	[qerɔr]

atentar (vi)	гӏерта	[ɣert]
atentado (m)	гӏортар	[ɣɔrtar]
robar (un coche)	дӏадига	[dˈadɪg]
secuestrar (un avión)	дӏадига	[dˈadɪg]
venganza (f)	чӏир	[tʃˈɪr]
vengar (vt)	бекхам бан	[beqam ban]
torturar (vt)	Ӏазап дан	[ˈazap dan]
tortura (f)	Ӏазап	[ˈazap]
atormentar (vt)	Ӏазап далло	[ˈazap dallɔ]
pirata (m)	пират	[pɪrat]
gamberro (m)	хулиган	[hulɪgan]
armado (adj)	герзан	[gerzan]
violencia (f)	ницкъ бар	[nɪtsqʔ bar]
espionaje (m)	шпионаж	[ʃpɪɔnaʒ]
espiar (vi, vt)	зен	[zen]

120. La policía. La ley. Unidad 1

justicia (f)	дов хаттар	[dɔv hattar]
tribunal (m)	суд	[sud]
juez (m)	суьдхо	[sʉdhɔ]
jurados (m pl)	векалш	[wekalʃ]
tribunal (m) de jurados	векалашан суьд	[wekalaʃan sʉd]
juzgar (vt)	суд ян	[sud jan]
abogado (m)	хьехамча	[hehamtʃ]
acusado (m)	суьдерниг	[sʉdernɪg]
banquillo (m) de los acusados	суьдерниган гӏант	[sʉdernɪgan ɣant]
inculpación (f)	бехкедар	[behkedar]
inculpado (m)	бехкевийриг	[behkevɪːrɪg]
sentencia (f)	кхел	[qel]
sentenciar (vt)	кхел ян	[qel jan]
culpable (m)	бехкениг	[behkenɪg]
castigar (vt)	таӏзар дан	[taˈzar dan]
castigo (m)	таӏзар	[taˈzar]
multa (f)	гӏуда	[ɣud]
cadena (f) perpetua	валлалц чуволлар	[vallalts tʃuvɔllar]
pena (f) de muerte	ден суд ян	[den sud jan]
silla (f) eléctrica	электрически гӏант	[ɛlektrɪtʃeskɪ ɣant]
horca (f)	тангӏалкх	[tanɣalq]
ejecutar (vt)	ден	[den]
ejecución (f)	ден суд яр	[den sud jar]
prisión (f)	набахте	[nabahte]

celda (f)	камера	[kamer]
escolta (f)	кано	[kanɔ]
guardia (m) de prisiones	тIехьожург	[t'ehɔʒurg]
prisionero (m)	лаьцна стаг	[læts̪n stag]

| esposas (f pl) | гIоьмаш | [ɣømaʃ] |
| esposar (vt) | гIоьмаш йохка | [ɣømaʃ johk] |

escape (m)	дадар	[dadar]
escaparse (vr)	дада	[dad]
desaparecer (vi)	къайладала	[qʔajladal]
liberar (vt)	мукъадаккха	[muqʔadakq]
amnistía (f)	амнисти	[amnɪstɪ]

policía (f) (~ nacional)	полици	[pɔlɪtsɪ]
policía (m)	полици	[pɔlɪtsɪ]
comisaría (f) de policía	полицин дакъа	[pɔlɪtsɪn daqʔ]
porra (f)	резинин чхьонкар	[rezɪnɪn tʃhɔnkar]
megáfono (m)	рупор	[rupɔr]

coche (m) patrulla	патрулан машина	[patrulan maʃɪn]
sirena (f)	сирена	[sɪren]
poner la sirena	сирена лато	[sɪren latɔ]
canto (m) de la sirena	уьгIар	[uɣar]

escena (f) del delito	хилла меттиг	[hɪll mettɪg]
testigo (m)	теш	[teʃ]
libertad (f)	паргIато	[parɣatɔ]
cómplice (m)	декъахо	[deqʔaho]
escapar de ...	къайладала	[qʔajladal]
rastro (m)	лар	[lar]

121. La policía. La ley. Unidad 2

búsqueda (f)	лахар	[lahar]
buscar (~ el criminal)	леха	[leh]
sospecha (f)	шекьхилар	[ʃekʲhɪlar]
sospechoso (adj)	шеконан	[ʃəkɔnan]
parar (~ en la calle)	сацо	[satsɔ]
retener (vt)	сацо	[satsɔ]

causa (f) (~ penal)	дов	[dɔv]
investigación (f)	таллам	[tallam]
detective (m)	детектив, лахарча	[detektɪv], [lahartʃ]
investigador (m)	талламхо	[tallamho]
versión (f)	верси	[wersɪ]

motivo (m)	бахьана	[bahan]
interrogatorio (m)	ледар	[ledar]
interrogar (vt)	ледан	[ledan]
interrogar (al testigo)	ледан	[ledan]
control (m) (de vehículos, etc.)	хьажар	[haʒar]
redada (f)	го бар	[gɔ bar]
registro (m) (~ de la casa)	хьажар	[haʒar]

persecución (f)	тӏаьхьадалар	[t'æhadalar]
perseguir (vt)	тӏаьхьадаьлла лела	[t'æhadæll lel]
rastrear (~ al criminal)	хьежа	[heʒ]

arresto (m)	лацар	[latsar]
arrestar (vt)	лаца	[lats]
capturar (vt)	схьалаца	[shalats]

documento (m)	документ	[dɔkument]
prueba (f)	тешам	[teʃam]
probar (vt)	тешо	[teʃɔ]
huella (f) (pisada)	лар	[lar]
huellas (f pl) digitales	тӏелгийн таммагӏанаш	[t'elgɪːn tammaɣanaʃ]
elemento (m) de prueba	бахьана	[bahan]

coartada (f)	алиби	[alɪbɪ]
inocente (no culpable)	бехке доцу	[behke dɔtsu]
injusticia (f)	нийсо цахилар	[nɪːsɔ tsahɪlar]
injusto (adj)	нийса доцу	[nɪːs dɔtsu]

criminal (adj)	криминалан	[krɪmɪnalan]
confiscar (vt)	пачхьалкхдаккха	[patʃhalqdakq]
narcótico (f)	наркотик	[narkɔtɪk]
arma (f)	герз	[gerz]
desarmar (vt)	герз схьадаккха	[gerz shadakq]
ordenar (vt)	омра дан	[ɔmr dan]
desaparecer (vi)	къайладала	[qʔajladal]

ley (f)	закон	[zakɔn]
legal (adj)	законехь	[zakɔneh]
ilegal (adj)	законехь доцу	[zakɔneh dɔtsu]

responsabilidad (f)	жоьпалла	[ʒøpall]
responsable (adj)	жоьпаллин	[ʒøpallɪn]

LA NATURALEZA

La tierra. Unidad 1

122. El espacio

cosmos (m)	космос	[kɔsmɔs]
espacial, cósmico (adj)	космосан	[kɔsmɔsan]
espacio (m) cósmico	космосан меттиг	[kɔsmɔsan mettɪg]
mundo (m)	дуьне	[dᴜne]
universo (m)	Іалам	['alam]
galaxia (f)	галактика	[galaktɪk]
estrella (f)	седа	[sed]
constelación (f)	седарчий гулам	[sedartʃɪ: gulam]
planeta (m)	дуьне	[dᴜne]
satélite (m)	спутник	[sputnɪk]
meteorito (m)	метеорит	[meteɔrɪt]
cometa (f)	комета	[kɔmet]
asteroide (m)	астероид	[asterɔɪd]
órbita (f)	орбита	[ɔrbɪt]
girar (vi)	хьийза	[hɪ:z]
atmósfera (f)	хІаваъ	[h'avaʔ]
Sol (m)	Малх	[malh]
Sistema (m) Solar	Маьлхан система	[mælhan sɪstem]
eclipse (m) de Sol	малх лацар	[malh latsar]
Tierra (f)	Латта	[latt]
Luna (f)	Бутт	[butt]
Marte (m)	Марс	[mars]
Venus (f)	Венера	[wener]
Júpiter (m)	Юпитер	[jupɪter]
Saturno (m)	Сатурн	[saturn]
Mercurio (m)	Меркурий	[merkurɪ:]
Urano (m)	Уран	[uran]
Neptuno (m)	Нептун	[neptun]
Plutón (m)	Плутон	[plutɔn]
la Vía Láctea	Ча такхийна Тача	[tʃa taqɪ:n tatʃ]
la Osa Mayor	ВорхІ вешин ворхІ седа	[vɔrh weʃɪn vɔrh sed]
la Estrella Polar	КъилбаседаІ	[qʔɪlbased]
marciano (m)	марсианин	[marsɪanɪn]
extraterrestre (m)	инопланетянин	[ɪnɔplanetʲanɪn]

118

| planetícola (m) | пришелец | [prɪʃəlets] |
| platillo (m) volante | хlаваэхула лела тарелка | [h'avaɛhul lel tarelk] |

nave (f) espacial	космосан кема	[kɔsmɔsan kem]
estación (f) orbital	орбитин станци	[ɔrbɪtɪn stantsɪ]
despegue (m)	старт	[start]

motor (m)	двигатель	[dwɪgatelj]
tobera (f)	сопло	[sɔplɔ]
combustible (m)	ягорг	[jagɔrg]

carlinga (f)	кабина	[kabɪn]
antena (f)	антенна	[anten]
ventana (f)	иллюминатор	[ɪllʉmɪnatɔr]
batería (f) solar	маьлхан батарей	[mælhan batarej]
escafandra (f)	скафандр	[skafandr]

| ingravidez (f) | йозалла яр | [jozall jar] |
| oxígeno (m) | кислород | [kɪslɔrɔd] |

| atraque (m) | вовшахтасар | [vɔvʃahtasar] |
| realizar el atraque | вовшахтасса | [vɔvʃahtass] |

observatorio (m)	обсерватори	[ɔbservatɔrɪ]
telescopio (m)	телескоп	[teleskɔp]
observar (vt)	тергам бан	[tergam ban]
explorar (~ el universo)	талла	[tall]

123. La tierra

Tierra (f)	Латта	[latt]
globo (m) terrestre	дуьне	[dʉne]
planeta (m)	дуьне, планета	[dʉne], [planet]

atmósfera (f)	атмосфера	[atmɔsfer]
geografía (f)	географи	[geɔgrafɪ]
naturaleza (f)	lалам	['alam]

globo (m) terráqueo	глобус	[glɔbus]
mapa (m)	карта	[kart]
atlas (m)	атлас	[atlas]

| Europa (f) | Европа | [evrɔp] |
| Asia (f) | Ази | [azɪ] |

| África (f) | Африка | [afrɪk] |
| Australia (f) | Австрали | [avstralɪ] |

América (f)	Америка	[amerɪk]
América (f) del Norte	Къилбаседан Америка	[q?ɪlbasedan amerɪk]
América (f) del Sur	Къилбера Америка	[q?ɪlber amerɪk]

| Antártida (f) | Антарктида | [antarktɪd] |
| Ártico (m) | Арктика | [arktɪk] |

124. Los puntos cardinales

norte (m)	къилбаседа	[qʔɪlbased]
al norte	къилбаседехьа	[qʔɪlbasedeh]
en el norte	къилбаседехь	[qʔɪlbasedeh]
del norte (adj)	къилбаседан	[qʔɪlbasedan]
sur (m)	къилбе	[qʔɪlbe]
al sur	къилбехьа	[qʔɪlbeh]
en el sur	къилбехь	[qʔɪlbeh]
del sur (adj)	къилбера	[qʔɪlber]
oeste (m)	малхбузе	[malhbuze]
al oeste	малхбузехьа	[malhbuzeh]
en el oeste	малхбузехь	[malhbuzeh]
del oeste (adj)	малхбузера	[malhbuzer]
este (m)	малхбале	[malhbale]
al este	малхбалехьа	[malhbaleh]
en el este	малхбалехь	[malhbaleh]
del este (adj)	малхбалехьара	[malhbalehar]

125. El mar. El océano

mar (m)	хӀорд	[h'ɔrd]
océano (m)	хӀорд, океан	[h'ɔrd], [ɔkean]
golfo (m)	айма	[ajm]
estrecho (m)	хидоькъе	[hɪdøqʔe]
tierra (f) firme	латта	[latt]
continente (m)	материк	[materɪk]
isla (f)	гӀайре	[ɣajre]
península (f)	ахӀайре	['ahɣajre]
archipiélago (m)	архипелаг	[arhɪpelag]
bahía (f)	бухта	[buht]
puerto (m)	гавань	[gavanj]
laguna (f)	лагуна	[lagun]
cabo (m)	мара	[mar]
atolón (m)	атолл	[atɔll]
arrecife (m)	риф	[rɪf]
coral (m)	маржак	[marʒak]
arrecife (m) de coral	маржанийн риф	[marʒanɪːn rɪf]
profundo (adj)	кӀоарга	[k'ɔarg]
profundidad (f)	кӀоргалла	[k'ɔrgall]
abismo (m)	бух боцу Ӏин	[buh bɔtsu 'ɪn]
fosa (f) oceánica	кӀаг	[k'ag]
corriente (f)	дӀаэхар	[d'aəhar]
bañar (rodear)	го баькхина хи хила	[gɔ bækqɪn hɪ hɪl]
orilla (f)	хийист	[hɪːɪst]

costa (f)	йист	[jɪst]
flujo (m)	хӀорд тӀекхетар	[h'ɔrd t'eqetar]
reflujo (m)	хӀорд чубожа боьлла	[h'ɔrd ʧubɔʒ bøll]
banco (m) de arena	гомхе	[gɔmhe]
fondo (m)	бух	[buh]
ola (f)	тулгӀе	[tulɣe]
cresta (f) de la ola	тулгӀийн дукъ	[tulɣɪːn duq?]
espuma (f)	чопа	[ʧɔp]
tempestad (f)	дарц	[darts]
huracán (m)	мох балар	[mɔh balar]
tsunami (m)	цунами	[tsunamɪ]
bonanza (f)	штиль	[ʃtɪlj]
calmo, tranquilo	тийна	[tɪːn]
polo (m)	полюс	[pɔlʉs]
polar (adj)	полюсан	[pɔlʉsan]
latitud (f)	шоралла	[ʃɔrall]
longitud (f)	дохалла	[dɔhall]
paralelo (m)	параллель	[parallelj]
ecuador (m)	экватор	[ɛkvatɔr]
cielo (m)	дуьне	[dʉne]
horizonte (m)	ана	[an]
aire (m)	хӀаваъ	[h'ava?]
faro (m)	маяк	[majak]
bucear (vi)	чулелха	[ʧulelh]
hundirse (vr)	бухадаха	[buhadah]
tesoros (m pl)	хазна	[hazn]

126. Los nombres de los mares y los océanos

océano (m) Atlántico	Атлантически хӀорд	['atlantɪʧeskɪ h'ɔrd]
océano (m) Índico	Индихойн хӀорд	[ɪndɪhojn h'ɔrd]
océano (m) Pacífico	Тийна хӀорд	[tɪːn h'ɔrd]
océano (m) Glacial Ártico	Къилбаседанан Шен хӀорд	[q?ɪlbasedanan ʃɛn h'ɔrd]
mar (m) Negro	Ӏаьржа хӀорд	['ærʒ hɔrd]
mar (m) Rojo	ЦӀен хӀорд	[ts'en h'ɔrd]
mar (m) Amarillo	Можа хӀорд	[mɔʒ h'ɔrd]
mar (m) Blanco	КӀайн хӀорд	[k'ajn h'ɔrd]
mar (m) Caspio	Каспи хӀорд	[kaspɪ h'ɔrd]
mar (m) Muerto	Са доцу хӀорд	[sa dɔtsu h'ɔrd]
mar (m) Mediterráneo	Средиземни хӀорд	[sredɪzemnɪ h'ɔrd]
mar (m) Egeo	Эгейски хӀорд	[ɛgejskɪ h'ɔrd]
mar (m) Adriático	Адреатически хӀорд	['adreatɪʧeskɪ hɔrd]
mar (m) Arábigo	Аравийски хӀорд	['aravɪːskɪ h'ɔrd]
mar (m) del Japón	Японийн хӀорд	[japɔnɪːn h'ɔrd]

| mar (m) de Bering | Берингово хӏорд | [berɪngɔvɔ h'ɔrd] |
| mar (m) de la China Meridional | Къилба-Китайн хӏорд | [qʔɪlb kɪtɑjn h'ɔrd] |

mar (m) del Coral	Маржанийн хӏорд	[marʒanɪːn h'ɔrd]
mar (m) de Tasmania	Тасманово хӏорд	[tasmanɔvɔ h'ɔrd]
mar (m) Caribe	Карибски хӏорд	[karɪbskɪ h'ɔrd]

| mar (m) de Barents | Баренцово хӏорд | [barentsɔvɔ h'ɔrd] |
| mar (m) de Kara | Карски хӏорд | [karskɪ h'ɔrd] |

mar (m) del Norte	Къилбаседан хӏорд	[qʔɪlbasedan h'ɔrd]
mar (m) Báltico	Балтийски хӏорд	[baltɪːskɪ h'ɔrd]
mar (m) de Noruega	Норвержски хӏорд	[nɔrwerʒskɪ h'ɔrd]

127. Las montañas

montaña (f)	лам	[lam]
cadena (f) de montañas	ламнийн моӏла	[lamnɪːn mɔɣ]
cresta (f) de montañas	ламанан дукъ	[lamanan duqʔ]

cima (f)	бохь	[bɔh]
pico (m)	бохь	[bɔh]
pie (m)	кӏажа	[k'aʒ]
cuesta (f)	басе	[base]

volcán (m)	тӏаплам	[t'aplam]
volcán (m) activo	тӏепинг	[t'epɪng]
volcán (m) apagado	байна тӏаплам	[bajn t'aplam]

erupción (f)	хьалатохар	[halatɔhar]
cráter (m)	кратер	[krater]
magma (f)	магма	[magm]
lava (f)	лава	[lav]
fundido (lava ~a)	цӏийдина	[tsʼɪːdɪn]

cañón (m)	ӏин	['ɪn]
desfiladero (m)	чӏож	[tʃ'ɔʒ]
grieta (f)	чӏаж	[tʃ'aʒ]

puerto (m) (paso)	ламанан дукъ	[lamanan duqʔ]
meseta (f)	акъари	['aqʔarɪ]
roca (f)	тарх	[tarh]
colina (f)	гу	[gu]

glaciar (m)	ша-ор	[ʃa ɔr]
cascada (f)	чухчари	[tʃuhtʃarɪ]
geiser (m)	гейзер	[gejzer]
lago (m)	ӏам	['am]

llanura (f)	аре	[are]
paisaje (m)	пейзаж	[pejzaʒ]
eco (m)	йилбазмохь	[jɪlbazmɔh]
alpinista (m)	алтпинист	[altpɪnɪst]

escalador (m)	тархашхо	[tarhaʃho]
conquistar (vt)	карадало	[karadalɔ]
ascensión (f)	тӏедалар	[t'edalar]

128. Los nombres de las montañas

Alpes (m pl)	Альпаш	[aljpaʃ]
Montblanc (m)	Монблан	[mɔnblan]
Pirineos (m pl)	Пиренеи	[pɪreneɪ]

Cárpatos (m pl)	Карпаташ	[karpataʃ]
Urales (m pl)	Уралан лаьмнаш	[uralan læmnaʃ]
Cáucaso (m)	Кавказ	[kavkaz]
Elbrus (m)	Эльбрус	[ɛljbrus]

Altai (m)	Алтай	[altaj]
Tian-Shan (m)	Тянь-Шань	[tʲanj ʃanj]
Pamir (m)	Памир	[pamɪr]
Himalayos (m pl)	Гималаи	[gɪmalaɪ]
Everest (m)	Эверест	[ɛwerest]

Andes (m pl)	Анднаш	[andnaʃ]
Kilimanjaro (m)	Килиманджаро	[kɪlɪmandʒarɔ]

129. Los ríos

río (m)	доьду хи	[dødu hɪ]
manantial (m)	хьост, шовда	[hɔst], [ʃɔvd]
lecho (m) (curso de agua)	харш	[harʃ]
cuenca (f) fluvial	бассейн	[bassejn]
desembocar en ...	кхета	[qet]

afluente (m)	га	[g]
ribera (f)	хийист	[hɪːɪst]

corriente (f)	дӏаэхар	[d'aəhar]
río abajo (adv)	хица охьа	[hɪts ɔh]
río arriba (adv)	хица хьала	[hɪts hal]

inundación (f)	хи тӏедалар	[hɪ t'edalar]
riada (f)	дестар	[destar]
desbordarse (vr)	деста	[dest]
inundar (vt)	дӏахьулдан	[d'ahuldan]

bajo (m) arenoso	гомхалла	[gɔmhall]
rápido (m)	тарх	[tarh]

presa (f)	сунт	[sunt]
canal (m)	татол	[tatɔl]
lago (m) artificiale	латтийла	[lattɪːl]
esclusa (f)	шлюз	[ʃlʉz]
cuerpo (m) de agua	ӏам	['am]

pantano (m)	уьшал	[ʉʃɑl]
ciénaga (m)	уьшал	[ʉʃɑl]
remolino (m)	айма	[ɑjm]
arroyo (m)	татол	[tatɔl]
potable (adj)	молу	[mɔlu]
dulce (agua ~)	теза	[tez]
hielo (m)	ша	[ʃ]
helarse (el lago, etc.)	ша бан	[ʃa ban]

130. Los nombres de los ríos

Sena (m)	Сена	[sen]
Loira (m)	Луара	[luɑr]
Támesis (m)	Темза	[temz]
Rin (m)	Рейн	[rejn]
Danubio (m)	Дунай	[dunɑj]
Volga (m)	Волга	[vɔlg]
Don (m)	Дон	[dɔn]
Lena (m)	Лена	[len]
Río (m) Amarillo	Хуанхэ	[huɑnhɛ]
Río (m) Azul	Янцзы	[jɑntszɪ]
Mekong (m)	Меконг	[mekɔng]
Ganges (m)	Ганг	[gɑng]
Nilo (m)	Нил	[nɪl]
Congo (m)	Конго	[kɔngɔ]
Okavango (m)	Окаванго	[ɔkavangɔ]
Zambeze (m)	Замбези	[zɑmbezɪ]
Limpopo (m)	Лимпопо	[lɪmpɔpɔ]
Misisipí (m)	Миссисипи	[mɪssɪsɪpɪ]

131. El bosque

bosque (m)	хьун	[hun]
de bosque (adj)	хьунан	[hunɑn]
espesura (f)	варш	[vɑrʃ]
bosquecillo (m)	боьлак	[bølɑk]
claro (m)	ирзу	[ɪrzu]
maleza (f)	коьллаш	[køllɑʃ]
matorral (m)	колл	[kɔll]
senda (f)	тача	[tɑtʃ]
barranco (m)	боьра	[bør]
árbol (m)	дитт	[dɪtt]
hoja (f)	гӏа	[ɣɑ]

follaje (m)	гӏаш	[ɣaʃ]
caída (f) de hojas	гӏа дожар	[ɣa dɔʒar]
caer (las hojas)	охьа дожа	[ɔh dɔʒ]
cima (f)	бохь	[bɔh]
rama (f)	га	[g]
rama (f) (gruesa)	га	[g]
brote (m)	патар	[patar]
aguja (f)	кӏохцалг	[k'ɔhtsalg]
piña (f)	бӏар	[b'ar]
agujero (m)	хара	[har]
nido (m)	бен	[ben]
madriguera (f)	ӏуьрг	['ɥrg]
tronco (m)	гӏад	[ɣad]
raíz (f)	орам	[ɔram]
corteza (f)	кевстиг	[kevstɪg]
musgo (m)	корсам	[kɔrsam]
extirpar (vt)	бухдаккха	[buhdakq]
talar (vt)	хьакха	[haq]
deforestar (vt)	хьакха	[haq]
tocón (m)	юьхк	[juhk]
hoguera (f)	цӏе	[ts'e]
incendio (m)	цӏе	[ts'e]
apagar (~ el incendio)	дӏадайа	[d'adaj]
guarda (m) forestal	хьуьнхо	[hɥnhɔ]
protección (f)	лардар	[lardar]
proteger (vt)	лардан	[lardan]
cazador (m) furtivo	браконьер	[brakɔnjer]
cepo (m)	гура	[gur]
recoger (setas, bayas)	лахьо	[lahɔ]
perderse (vr)	тила	[tɪl]

132. Los recursos naturales

recursos (m pl) naturales	ӏаламан тӏаьхьалонаш	['alaman t'æhalɔnaʃ]
minerales (m pl)	пайде маьӏданаш	[pajde mæ'danaʃ]
depósitos (m pl)	маьӏданаш	[mæ'danaʃ]
yacimiento (m)	маьӏданаш дохку	[mæ'danaʃ dɔhku]
extraer (vt)	даккха	[dakq]
extracción (f)	даккхар	[dakqar]
mineral (m)	маьӏда	[mæ'd]
mina (f)	маьӏда доккхийла, шахта	[mæ'd dɔkqɪːl], [ʃaht]
pozo (m) de mina	шахта	[ʃaht]
minero (m)	кӏорабаккхархо	[k'ɔrabakqarhɔ]
gas (m)	газ	[gaz]
gasoducto (m)	газъюьгург	[gaz?ɥgurg]

petróleo (m)	нефть	[neftʲ]
oleoducto (m)	нефтьузург	[neftʲuzurg]
torre (f) petrolera	нефтан чардакх	[neftan tʃardaq]
torre (f) de sondeo	буру туху вышка	[buru tuhu vıʃk]
petrolero (m)	танкер	[tanker]
arena (f)	гӏум	[ɣum]
caliza (f)	кир-маьлда	[kır mæ'd]
grava (f)	жагӏа	[ʒaɣ]
turba (f)	lexa	['eh]
arcilla (f)	поппар	[pɔppar]
carbón (m)	кӏора	[k'ɔr]
hierro (m)	эчиг	[etʃɪg]
oro (m)	деши	[deʃɪ]
plata (f)	дети	[detɪ]
níquel (m)	никель	[nɪkelj]
cobre (m)	цӏаста	[ts'ast]
zinc (m)	цинк	[tsɪnk]
manganeso (m)	марганец	[marganets]
mercurio (m)	гинсу	[gɪnsu]
plomo (m)	даш	[daʃ]
mineral (m)	минерал	[mɪneral]
cristal (m)	кристалл	[krɪstall]
mármol (m)	шагатӏулг	[ʃagat'ulg]
uranio (m)	уран	[uran]

La tierra. Unidad 2

133. El tiempo

tiempo (m)	хенан хIоттам	[henan h'ɔttam]
previsión (m) del tiempo	хенан хIоттаман прогноз	[henan h'ɔttaman prɔgnɔz]
temperatura (f)	температура	[temperatur]
termómetro (m)	термометр	[termɔmetr]
barómetro (m)	барометр	[barɔmetr]
humedad (f)	тIуьнан	[t'ʉnan]
bochorno (m)	йовхо	[jovho]
tórrido (adj)	довха	[dɔvh]
hace mucho calor	йовха	[jovh]
hace calor (templado)	йовха	[jovh]
templado (adj)	довха	[dɔvh]
hace frío	шийла	[ʃɪ:l]
frío (adj)	шийла	[ʃɪ:l]
sol (m)	малх	[malh]
brillar (vi)	кхета	[qet]
soleado (un día ~)	маьлхан	[mælhan]
elevarse (el sol)	схьакхета	[shaqet]
ponerse (vr)	чубуза	[tʃubuz]
nube (f)	марха	[marh]
nuboso (adj)	мархаш йолу	[marhaʃ jolu]
nubarrón (m)	марха	[marh]
nublado (adj)	кхоьлина	[qølɪn]
lluvia (f)	догIа	[dɔɣ]
está lloviendo	догIа догIлу	[dɔɣ dɔɣu]
lluvioso (adj)	догIане	[dɔɣane]
lloviznar (vi)	серса	[sers]
aguacero (m)	кхевсина догIа	[qevsɪn dɔɣ]
chaparrón (m)	догIа	[dɔɣ]
fuerte (la lluvia ~)	чIогIа	[tʃ'ɔɣ]
charco (m)	Iам	['am]
mojarse (vr)	тIадо	[t'adɔ]
niebla (f)	дохк	[dɔhk]
nebuloso (adj)	дохк долу	[dɔhk dɔlu]
nieve (f)	ло	[lɔ]
está nevando	ло догIлу	[lɔ dɔɣu]

134. Los eventos climáticos severos. Los desastres naturales

tormenta (f)	йочана	[jotʃan]
relámpago (m)	ткъес	[tqʔes]
relampaguear (vi)	стега	[steg]
trueno (m)	стигал къовкъар	[stɪgal qʔɔvqʔar]
tronar (vi)	къекъа	[qʔeqʔ]
está tronando	стигал къекъа	[stɪgal qʔeqʔ]
granizo (m)	къора	[qʔɔr]
está granizando	къора йorly	[qʔɔr joɣu]
inundar (vt)	дӏахьулдан	[dʼahuldan]
inundación (f)	хи тӏедалар	[hɪ tʼedalar]
terremoto (m)	мохк бегор	[mɔhk begɔr]
sacudida (f)	дегар	[degar]
epicentro (m)	эпицентр	[ɛpɪtsentr]
erupción (f)	хьалатохар	[halatohar]
lava (f)	лава	[lav]
torbellino (m)	йилбазмох	[jɪlbazmɔh]
tornado (m)	торнадо	[tɔrnadɔ]
tifón (m)	тайфун	[tajfun]
huracán (m)	мох балар	[mɔh balar]
tempestad (f)	дарц	[darts]
tsunami (m)	цунами	[tsunamɪ]
ciclón (m)	дарц	[darts]
mal tiempo (m)	йочана	[jotʃan]
incendio (m)	цӏе	[tsʼe]
catástrofe (f)	катастрофа	[katastrɔf]
meteorito (m)	метеорит	[meteɔrɪt]
avalancha (f)	хьаьтт	[hætt]
alud (m) de nieve	чухарцар	[tʃuhartsar]
ventisca (f)	дарц	[darts]
nevasca (f)	дарц	[darts]

La fauna

135. Los mamíferos. Los predadores

carnívoro (m)	гӀира экха	[ɣɪr ɛq]
tigre (m)	цӀоькъалом	[ʦ'øq?alɔm]
león (m)	лом	[lɔm]
lobo (m)	борз	[bɔrz]
zorro (m)	цхьогал	[ʧhɔgal]
jaguar (m)	ягуар	[jaguar]
leopardo (m)	леопард	[leɔpard]
guepardo (m)	гепард	[gepard]
pantera (f)	пантера	[panter]
puma (f)	пума	[pum]
leopardo (m) de las nieves	лайн цӀокъ	[lajn ʦ'ɔq?]
lince (m)	акха цициг	[aq ʦɪʦɪg]
coyote (m)	койот	[kɔjot]
chacal (m)	чагӀалкх	[ʧaɣalq]
hiena (f)	чагӀалкх	[ʧaɣalq]

136. Los animales salvajes

animal (m)	дийнат	[dɪːnat]
bestia (f)	экха	[ɛq]
ardilla (f)	тарсал	[tarsal]
erizo (m)	зу	[zu]
liebre (f)	пхьагал	[phagal]
conejo (m)	кролик	[krɔlɪk]
tejón (m)	даӀам	[da'am]
mapache (m)	акха жӀаьла	['aq ʒ'æl]
hámster (m)	оьпа	[øp]
marmota (f)	дӀам	[d'am]
topo (m)	боьлкъазар	[bølq?azar]
ratón (m)	дахка	[dahk]
rata (f)	мукадахка	[mukadahk]
murciélago (m)	бирдолаг	[bɪrdɔlag]
armiño (m)	горностай	[gɔrnɔstaj]
cebellina (f)	салор	[salɔr]
marta (f)	салор	[salɔr]
comadreja (f)	дингад	[dɪngad]
visón (m)	норка	[nɔrk]

castor (m)	бобр	[bɔbr]
nutria (f)	хешт	[heʃt]
caballo (m)	говр	[gɔvr]
alce (m)	боккха сай	[bɔkq sɑj]
ciervo (m)	сай	[sɑj]
camello (m)	эмкал	[ɛmkɑl]
bisonte (m)	бизон	[bɪzɔn]
uro (m)	була	[bul]
búfalo (m)	гомаш-буга	[gɔmɑʃ bug]
cebra (f)	зебр	[zebr]
antílope (m)	антилопа	[ɑntɪlɔp]
corzo (m)	лу	[lu]
gamo (m)	шоьккари	[ʃøkkɑrɪ]
gamuza (f)	масар	[mɑsɑr]
jabalí (m)	нал	[nɑl]
ballena (f)	кит	[kɪt]
foca (f)	тюлень	[tʉlenj]
morsa (f)	морж	[mɔrʒ]
oso (m) marino	котик	[kɔtɪk]
delfín (m)	дельфин	[deljfɪn]
oso (m)	ча	[tʃ]
oso (m) blanco	кӏайн ча	[kʼɑjn tʃɑ]
panda (f)	панда	[pɑnd]
mono (m)	маймал	[mɑjmɑl]
chimpancé (m)	шимпанзе	[ʃɪmpɑnze]
orangután (m)	орангутанг	[ɔrɑngutɑng]
gorila (f)	горилла	[gɔrɪll]
macaco (m)	макака	[mɑkɑk]
gibón (m)	гиббон	[gɪbbɔn]
elefante (m)	пийл	[pɪːl]
rinoceronte (m)	мермаla	[mermɑʼ]
jirafa (f)	жираф	[ʒɪrɑf]
hipopótamo (m)	бегемот	[begemɔt]
canguro (m)	кенгуру	[kenguru]
koala (f)	коала	[kɔɑl]
mangosta (f)	мангуст	[mɑngust]
chinchilla (f)	шиншилла	[ʃɪnʃɪll]
mofeta (f)	скунс	[skuns]
espín (m)	дикобраз	[dɪkɔbrɑz]

137. Los animales domésticos

gata (f)	цициг	[tsɪtsɪg]
gato (m)	цициг	[tsɪtsɪg]
caballo (m)	говр	[gɔvr]

garañón (m)	айгӏап	['ajɣar]
yegua (f)	кхела	[qel]
vaca (f)	етта	[ett]
toro (m)	сту	[stu]
buey (m)	сту	[stu]
oveja (f)	жий	[ʒɪː]
carnero (m)	уьстагӏ	[ʉstaɣ]
cabra (f)	газа	[gaz]
cabrón (m)	бож	[bɔʒ]
asno (m)	вир	[wɪr]
mulo (m)	бӏарза	[b'arz]
cerdo (m)	хьакха	[haq]
cerdito (m)	хуьрсик	[hʉrsɪk]
conejo (m)	кролик	[krɔlɪk]
gallina (f)	котам	[kɔtam]
gallo (m)	боргӏал	[bɔrɣal]
pato (m)	бад	[bad]
ánade (m)	нӏаьна-бад	[n'æn bad]
ganso (m)	гӏаз	[ɣaz]
pavo (m)	москал-нӏаьна	[mɔskal n'æn]
pava (f)	москал-котам	[mɔskal kɔtam]
animales (m pl) domésticos	цӏера дийнаташ	[ts'er dɪːnataʃ]
domesticado (adj)	карaӏамийна	[kara'amɪːn]
domesticar (vt)	карaӏамо	[kara'amɔ]
criar (vt)	лело	[lelɔ]
granja (f)	ферма	[ferm]
aves (f pl) de corral	зӏакардаьхний	[z'akardæhnɪː]
ganado (m)	хьайбанаш	[hajbanaʃ]
rebaño (m)	бажа	[baʒ]
caballeriza (f)	божал	[bɔʒal]
porqueriza (f)	хьакхарчийн божал	[haqartʃɪːn bɔʒal]
vaquería (f)	божал	[bɔʒal]
conejal (m)	кроликийн бун	[krɔlɪkɪːn bun]
gallinero (m)	котаман бун	[kɔtaman bun]

138. Los pájaros

pájaro (m)	олхазар	[ɔlhazar]
paloma (f)	кхокха	[qɔq]
gorrión (m)	хьоза	[hɔz]
paro (m)	цӏирцӏирхьоза	[ts'ɪrts'ɪrhɔz]
cotorra (f)	къорза къиг	[q?ɔrz q?ɪg]
cuervo (m)	хьаргӏа	[harɣ]
corneja (f)	къиг	[q?ɪg]

chova (f)	жагӀжагӀа	[ʒaɣʒaɣ]
grajo (m)	човка	[tʃɔvk]
pato (m)	бад	[bad]
ganso (m)	гӀаз	[ɣaz]
faisán (m)	акха котам	[aq kɔtam]
águila (f)	аьрзу	[ærzu]
azor (m)	куьйра	[kujr]
halcón (m)	леча	[letʃ]
buitre (m)	ломаьрзу	[lɔmʔærzu]
cóndor (m)	кондор	[kɔndɔr]
cisne (m)	гӀургӀаз	[ɣurɣaz]
grulla (f)	гӀапгӀули	[ɣarɣulɪ]
cigüeña (f)	чӀерийдохург	[tʃʼerːdɔhurg]
loro (m), papagayo (m)	тоти	[tɔtɪ]
colibrí (m)	колибри	[kɔlɪbrɪ]
pavo (m) real	тӀаус	[tʼaus]
avestruz (m)	страус	[straus]
garza (f)	чӀерийлоьцург	[tʃʼerːløtsurg]
flamenco (m)	фламинго	[flamɪngɔ]
pelícano (m)	пеликан	[pelɪkan]
ruiseñor (m)	зарзар	[zarzar]
golondrina (f)	чӀегӀардиг	[tʃʼeɣardɪg]
tordo (m)	шоршал	[ʃɔrʃal]
zorzal (m)	дека шоршал	[dek ʃɔrʃal]
mirlo (m)	лаьржа шоршал	[ˈærʒ ʃɔrʃal]
vencejo (m)	мерцхалдиг	[mertshaldɪg]
alondra (f)	нӀаьвла	[nˈævl]
codorniz (f)	лекъ	[leqʔ]
pico (m)	хенакӀур	[henakʼur]
cuco (m)	хӀуттут	[hʼuttut]
lechuza (f)	бухӀа	[buhʼ]
búho (m)	соька	[søk]
urogallo (m)	къоракуота	[qʔɔrakuɔt]
gallo lira (m)	акха котам	[aq kɔtam]
perdiz (f)	моша	[mɔʃ]
estornino (m)	алкханч	[alqantʃ]
canario (m)	можа хьоза	[mɔʒ hɔz]
ortega (f)	акха котам	[aq kɔtam]
pinzón (m)	хьуьнан хьоза	[hʉnan hɔz]
camachuelo (m)	лайн хьоза	[lajn hɔz]
gaviota (f)	чайка	[tʃajk]
albatros (m)	альбатрос	[aljbatrɔs]
pingüino (m)	пингвин	[pɪngwɪn]

139. Los peces. Los animales marinos

brema (f)	чабакх-ч1ара	[tʃabɑq tʃʼɑr]
carpa (f)	карп	[kɑrp]
perca (f)	окунь	[ɔkunj]
siluro (m)	яй	[jɑj]
lucio (m)	г1азкхийн ч1ара	[ɣɑzqɪːn tʃʼɑr]

salmón (m)	лосось	[lɔsɔsʲ]
esturión (m)	ц1ен ч1ара	[ts'en tʃʼɑr]

arenque (m)	сельдь	[seljdʲ]
salmón (m) del Atlántico	сёмга	[sʲomg]
caballa (f)	скумбри	[skumbrɪ]
lenguado (m)	камбала	[kɑmbɑl]

lucioperca (m)	судак	[sudɑk]
bacalao (m)	треска	[tresk]
atún (m)	тунец	[tunets]
trucha (f)	бакъ ч1ара	[bɑqʔ tʃʼɑr]

anguila (f)	ж1аьлин ч1ара	[ʒʼælɪn tʃʼɑr]
tembladera (f)	электрически скат	[ɛlektrɪtʃeskɪ skɑt]
morena (f)	мурена	[muren]
piraña (f)	пиранья	[pɪrɑnj]

tiburón (m)	г1оркхма	[ɣɔrqm]
delfín (m)	дельфин	[deljfɪn]
ballena (f)	кит	[kɪt]

centolla (f)	краб	[krɑb]
medusa (f)	медуза	[meduz]
pulpo (m)	барх1когберг	[bɑrhʼkɔgberg]

estrella (f) de mar	х1ордан седа	[hʼɔrdɑn sed]
erizo (m) de mar	х1ордан зу	[hʼɔrdɑn zu]
caballito (m) de mar	х1ордан говр	[hʼɔrdɑn gɔvr]

ostra (f)	устрица	[ustrɪts]
camarón (m)	креветка	[krewetk]
bogavante (m)	омар	[ɔmɑr]
langosta (f)	лангуст	[lɑngust]

140. Los anfibios. Los reptiles

serpiente (f)	лаьхьа	[læh]
venenoso (adj)	д1аьвше	[dʼævʃ]

víbora (f)	лаьхьа	[læh]
cobra (f)	кобра	[kɔbr]
pitón (m)	питон	[pɪtɔn]
boa (f)	саьрмикъ	[særmɪqʔ]
culebra (f)	вотангар	[vɔtɑngɑr]

| serpiente (m) de cascabel | шов ден лаьхьа | [ʃʊv den læh] |
| anaconda (f) | анаконда | [anakɔnd] |

lagarto (f)	моьлкъа	[mølq?]
iguana (f)	игуана	[ɪguɑn]
varano (m)	варан	[vɑrɑn]
salamandra (f)	саламандра	[salamandr]
camaleón (m)	хамелион	[hamelɪɔn]
escorpión (m)	скорпион	[skɔrpɪɔn]

tortuga (f)	уьнтӏапхьид	[ʉnt'aphɪd]
rana (f)	пхьид	[phɪd]
sapo (m)	бецан пхьид	[betsɑn phɪd]
cocodrilo (m)	саьрмикъ	[særmɪq?]

141. Los insectos

insecto (m)	сагалмат	[sagalmat]
mariposa (f)	полла	[pɔll]
hormiga (f)	зингат	[zɪngat]
mosca (f)	моза	[mɔz]
mosquito (m) (picadura de ~)	чуьрк	[tʃʉrk]
escarabajo (m)	чхьаьвриг	[tʃhævrɪg]

avispa (f)	зӏуга	[z'ug]
abeja (f)	накхармоза	[naqarmɔz]
abejorro (m)	бумбари	[bumbarɪ]
moscardón (m)	тӏод	[t'ɔd]

| araña (f) | гезг | [gezg] |
| telaraña (f) | гезгмаша | [gezgmaʃ] |

libélula (f)	шайтӏанан дин	[ʃajt'anan dɪn]
saltamontes (m)	цӏаьпцалг	[ts'æptsalg]
mariposa (f) nocturna	полла	[pɔll]

cucaracha (f)	чхьаьвриг	[tʃhævrɪg]
garrapata (f)	веччалг	[wetʃalg]
pulga (f)	сагал	[sagal]
mosca (f) negra	пхьажбуург	[phaʒbu'urg]

langosta (f)	цӏоз	[ts'ɔz]
caracol (m)	этмаьиг	[ɛtmæ'ɪg]
grillo (m)	цаьпцалг	[tsæptsalg]
luciérnaga (f)	бумбари	[bumbarɪ]
mariquita (f)	дедо	[dedɔ]
escarabajo (m) sanjuanero	бумбари	[bumbarɪ]

sanguijuela (f)	цӏубдар	[ts'ubdar]
oruga (f)	нӏаьвцициг	[n'ævtsɪtsɪg]
gusano (m)	нӏаьна	[n'æn]
larva (f)	нӏаьна	[n'æn]

La flora

142. Los árboles

árbol (m)	дитт	[dɪtt]
foliáceo (adj)	гӀаш долу	[ɣaʃ dɔlu]
conífero (adj)	баганан	[baganan]
de hoja perenne	гуттар сийна	[guttar sɪːn]

manzano (m)	Ӏаж	[ˈaʒ]
peral (m)	кхор	[qɔr]
cerezo (m), guindo (m)	балл	[ball]
ciruelo (m)	хьач	[haʧ]

abedul (m)	дакх	[daq]
roble (m)	наж	[naʒ]
tilo (m)	хьех	[heh]
pobo (m)	мах	[mah]
arce (m)	къахк	[qʔahk]

picea (m)	база	[baz]
pino (m)	зез	[zez]
alerce (m)	бага	[bag]
abeto (m)	пихта	[pɪht]
cedro (m)	кедр	[kedr]

álamo (m)	талл	[tall]
serbal (m)	датта	[datt]
sauce (m)	дак	[dak]
aliso (m)	маъ	[maʔ]

haya (f)	поп	[pɔp]
olmo (m)	муьшдечиг	[mysdeʧɪg]
fresno (m)	къахьашту	[qʔahaʃtu]
castaño (m)	каштан	[kaʃtan]
magnolia (f)	магноли	[magnɔlɪ]
palmera (f)	пальма	[paljm]
ciprés (m)	кипарис	[kɪparɪs]

mangle (m)	мангрови дитт	[mangrɔwɪ dɪtt]
baobab (m)	баобаб	[baɔbab]
eucalipto (m)	эквалипт	[ɛkvalɪpt]
secoya (f)	секвойя	[sekvɔj]

143. Los arbustos

mata (f)	колл	[kɔll]
arbusto (m)	колл	[kɔll]

| vid (f) | кемсаш | [kemsaʃ] |
| viñedo (m) | кемсийн беш | [kemsɪːn beʃ] |

frambueso (m)	цlен комар	[tsʼen kɔmar]
grosellero (f) rojo	цlен кхезарш	[tsʼen qezarʃ]
grosellero (m) espinoso	кlудалгаш	[kʼudalgaʃ]

acacia (f)	акаци	[akatsɪ]
berberís (m)	муьстарг	[mʉstarg]
jazmín (m)	жасмин	[ʒasmɪn]

enebro (m)	жlолам	[ʒʼɔlam]
rosal (m)	розанийн кол	[rɔzanɪːn kɔl]
escaramujo (m)	хьармак	[harmak]

144. Las frutas. Las bayas

fruto (m)	стом	[stɔm]
frutos (m pl)	стоьмаш	[stømaʃ]
manzana (f)	lаж	[ˈɑʒ]

| pera (f) | кхор | [qɔr] |
| ciruela (f) | хьач | [hatʃ] |

fresa (f)	цlазам	[tsʼazam]
guinda (f), cereza (f)	балл	[ball]
uva (f)	кемсаш	[kemsaʃ]

frambuesa (f)	цlен комар	[tsʼen kɔmar]
grosella (f) negra	lаьржа кхезарш	[ˈærʒ qezarʃ]
grosella (f) roja	цlен кхезарш	[tsʼen qezarʃ]

| grosella (f) espinosa | кlудалгаш | [kʼudalgaʃ] |
| arándano (m) agrio | клюква | [klʉkv] |

naranja (f)	апельсин	[apeljsɪn]
mandarina (f)	мандарин	[mandarɪn]
ananás (m)	ананас	[ananas]

| banana (f) | банан | [banan] |
| dátil (m) | хурма | [hurm] |

limón (m)	лимон	[lɪmɔn]
albaricoque (m)	туьрк	[tʉrk]
melocotón (m)	гlаммагl	[ɣammaɣ]

| kiwi (m) | киви | [kɪwɪ] |
| pomelo (m) | грейпфрут | [grejpfrut] |

baya (f)	цlазам	[tsʼazam]
bayas (f pl)	цlазамаш	[tsʼazamaʃ]
arándano (m) rojo	брусника	[brusnɪk]
fresa (f) silvestre	пхьагал-цlазам	[phagal tsʼazam]
arándano (m)	lаьржа балл	[ˈærʒ ball]

145. Las flores. Las plantas

flor (f)	зезеаг	[zezeag]
ramo (m) de flores	курс	[kurs]

rosa (f)	роза	[rɔz]
tulipán (m)	алцIензIам	[ˈalts'enz'am]
clavel (m)	гвоздика	[gvɔzdɪk]
gladiolo (m)	гладиолус	[gladɪɔlus]

aciano (m)	сендарг	[sendarg]
campanilla (f)	тухтати	[tuhtatɪ]
diente (m) de león	баппа	[bapp]
manzanilla (f)	кIайдарг	[k'ajdarg]

áloe (m)	алоэ	[alɔɛ]
cacto (m)	кактус	[kaktus]
ficus (m)	фикус	[fɪkus]

azucena (f)	лили	[lɪlɪ]
geranio (m)	герань	[geranj]
jacinto (m)	гиацинт	[gɪatsɪnt]

mimosa (f)	мимоза	[mɪmɔz]
narciso (m)	нарцисс	[nartsɪss]
capuchina (f)	настурция	[nasturtsɪ]

orquídea (f)	орхидей	[ɔrhɪdej]
peonía (f)	цIен лерг	[ts'en lerg]
violeta (f)	тобалкх	[tɔbalq]

trinitaria (f)	анютийн бIаьргаш	[ˈanʉtiːn bˈærgaʃ]
nomeolvides (f)	незабудка	[nezabudk]
margarita (f)	маргаритка	[margarɪtk]

amapola (f)	петIамат	[pet'amat]
cáñamo (m)	кIомал	[k'ɔmal]
menta (f)	Iаждарбуц	[ˈaʒdarbuts]

muguete (m)	чIерIардиган кIа	[tʃ'eɣardɪgan k'a]
campanilla (f) de las nieves	лайн зезаг	[lajn zezag]

ortiga (f)	нитташ	[nɪttaʃ]
acedera (f)	муьстарг	[mʉstarg]
nenúfar (m)	кувшинка	[kuvʃɪnk]
helecho (m)	чураш	[tʃuraʃ]
liquen (m)	корсам	[kɔrsam]

invernadero (m) tropical	оранжерей	[ɔranʒerej]
césped (m)	бешмайда	[beʃmajd]
macizo (m) de flores	хас	[has]

planta (f)	орамат	[ɔramat]
hierba (f)	буц	[buts]
hoja (f) de hierba	бецан хелиг	[betsan helɪg]

hoja (f)	гӏа	[ɣɑ]
pétalo (m)	жаз	[ʒɑz]
tallo (m)	гӏодам	[ɣɔdɑm]
tubérculo (m)	орамстом	[ɔrɑmstɔm]
retoño (m)	зӏийдиг	[zʼɪːdɪg]
espina (f)	кӏохцал	[kʼɔhtsɑl]
florecer (vi)	заза даккха	[zɑz dɑkq]
marchitarse (vr)	маргӏалдола	[mɑrɣɑldɔl]
olor (m)	хьожа	[hɔʒ]
cortar (vt)	дӏахадо	[dʼɑhɑdɔ]
coger (una flor)	схьадаккха	[shɑdɑkq]

146. Los cereales, los granos

grano (m)	буьртиг	[bʉrtɪg]
cereales (m pl) (plantas)	буьртиган ораматаш	[bʉrtɪgɑn ɔrɑmɑtɑʃ]
espiga (f)	кан	[kɑn]
trigo (m)	кӏа	[kʼɑ]
centeno (m)	божан	[bɔʒɑn]
avena (f)	сула	[sul]
mijo (m)	борц	[borts]
cebada (f)	мукх	[muq]
maíz (m)	хьаьжкӏа	[hæʒkʼ]
arroz (m)	дуга	[dug]
alforfón (m)	цӏен дуга	[tsʼen dug]
guisante (m)	кхоьш	[qøʃ]
fréjol (m)	кхоь	[qø]
soya (f)	кхоь	[qø]
lenteja (f)	хьоьзийн кхоьш	[høzɪːn qøʃ]
habas (f pl)	кхоьш	[qøʃ]

LOS PAÍSES. LAS NACIONALIDADES

147. Europa occidental

Europa (f)	Европа	[evrɔp]
Unión (f) Europea	Европин Союз	[evrɔpɪn sɔjuz]
Austria (f)	Австри	[avstrɪ]
Gran Bretaña (f)	Великобритани	[welɪkɔbrɪtanɪ]
Inglaterra (f)	Ингалс	[ɪngals]
Bélgica (f)	Бельги	[beljgɪ]
Alemania (f)	Германи	[germanɪ]
Países Bajos (m pl)	Нидерланды	[nɪderlandɪ]
Holanda (f)	Голланди	[gɔllandɪ]
Grecia (f)	Греци	[greʦɪ]
Dinamarca (f)	Дани	[danɪ]
Irlanda (f)	Ирланди	[ɪrlandɪ]
Islandia (f)	Исланди	[ɪslandɪ]
España (f)	Испани	[ɪspanɪ]
Italia (f)	Итали	[ɪtalɪ]
Chipre (m)	Кипр	[kɪpr]
Malta (f)	Мальта	[maljt]
Noruega (f)	Норвеги	[nɔrwegɪ]
Portugal (f)	Португали	[pɔrtugalɪ]
Finlandia (f)	Финлянди	[fɪnljandɪ]
Francia (f)	Франци	[franʦɪ]
Suecia (f)	Швеци	[ʃweʦɪ]
Suiza (f)	Швейцари	[ʃwejʦarɪ]
Escocia (f)	Шотланди	[ʃɔtlandɪ]
Vaticano (m)	Ватикан	[vatɪkan]
Liechtenstein (m)	Лихтенштейн	[lɪhtenʃtejn]
Luxemburgo (m)	Люксембург	[lʉksemburg]
Mónaco (m)	Монако	[mɔnakɔ]

148. Europa central y oriental

Albania (f)	Албани	[albanɪ]
Bulgaria (f)	Болгари	[bɔlgarɪ]
Hungría (f)	Венгри	[wengrɪ]
Letonia (f)	Латви	[latwɪ]
Lituania (f)	Литва	[lɪtv]
Polonia (f)	Польша	[pɔljʃ]

Rumania (f)	Румыни	[rumɪnɪ]
Serbia (f)	Серби	[serbɪ]
Eslovaquia (f)	Словаки	[slɔvakɪ]

Croacia (f)	Хорвати	[horvatɪ]
Chequia (f)	Чехи	[tʃehɪ]
Estonia (f)	Эстони	[ɛstɔnɪ]

Bosnia y Herzegovina	Босни е Герцоговина е	[bɔsnɪ e gertsɔgɔwɪnə 2e]
Macedonia	Македони	[makedɔnɪ]
Eslovenia	Словени	[slɔwenɪ]
Montenegro (m)	Черногори	[tʃernɔgɔrɪ]

149. Los países de la antes Unión Soviética

| Azerbaidzhán (m) | Азербайджан | [azerbajdʒan] |
| Armenia (f) | Армени | [armenɪ] |

Bielorrusia (f)	Беларусь	[belarusʲ]
Georgia (f)	Грузи	[gruzɪ]
Kazajstán (m)	Казахстан	[kazahstan]
Kirguizistán (m)	Кыргызстан	[kɪrgɪzstan]
Moldavia (f)	Молдова	[mɔldɔv]

| Rusia (f) | Росси | [rɔssɪ] |
| Ucrania (f) | Украина | [ukraɪn] |

Tayikistán (m)	Таджикистан	[tadʒɪkɪstan]
Turkmenia (f)	Туркменистан	[turkmenɪstan]
Uzbekistán (m)	Узбекистан	[uzbekɪstan]

150. Asia

Asia (f)	Ази	[azɪ]
Vietnam (m)	Вьетнам	[vjetnam]
India (f)	Инди	[ɪndɪ]
Israel (m)	Израиль	[ɪzraɪlj]

China (f)	Китай	[kɪtaj]
Líbano (m)	Ливан	[lɪvan]
Mongolia (f)	Монголи	[mɔngɔlɪ]

| Malasia (f) | Малази | [malazɪ] |
| Pakistán (m) | Пакистан | [pakɪstan] |

Arabia (f) Saudita	Саудовски Арави	[saudɔvskɪ arawɪ]
Tailandia (f)	Таиланд	[taɪland]
Taiwán (m)	Тайвань	[tajvanj]
Turquía (f)	Турци	[turtsɪ]
Japón (m)	Япони	[japɔnɪ]
Afganistán (m)	Афганистан	[afganɪstan]
Bangladesh (m)	Бангладеш	[bangladeʃ]

| Indonesia (f) | Индонези | [ɪndɔnezɪ] |
| Jordania (f) | Иордани | [ɪɔrdanɪ] |

Irak (m)	Ирак	[ɪrak]
Irán (m)	Иран	[ɪran]
Camboya (f)	Камбоджа	[kambɔdʒ]
Kuwait (m)	Кувейт	[kuvejt]

Laos (m)	Лаос	[laɔs]
Myanmar (m)	Мьянма	[mjanm]
Nepal (m)	Непал	[nepal]
Emiratos (m pl) Árabes Unidos	Цхьаьнакхеттачу Iаьрбийн Эмираташ	[tshænaqettatʃu 'ærbɪːn ɛmɪrataʃ]

Siria (f)	Сири	[sɪrɪ]
Palestina (f)	Палестина	[palestɪn]
Corea (f) del Sur	Къилбера Корея	[qʔɪlber kɔrej]
Corea (f) del Norte	Къилбаседера Корея	[qʔɪlbaseder kɔrej]

151. América del Norte

Estados Unidos de América (m pl)	Америкин Цхьаьнакхетта Штаташ	[amerɪkɪn tshænaqett ʃtataʃ]
Canadá (f)	Канада	[kanad]
Méjico (m)	Мексика	[meksɪk]

152. Centroamérica y Sudamérica

Argentina (f)	Аргентина	[argentɪn]
Brasil (f)	Бразили	[brazɪlɪ]
Colombia (f)	Колумби	[kɔlumbɪ]

| Cuba (f) | Куба | [kub] |
| Chile (m) | Чили | [tʃɪlɪ] |

| Bolivia (f) | Боливи | [bɔlɪwɪ] |
| Venezuela (f) | Венесуэла | [wenesuɛl] |

| Paraguay (m) | Парагвай | [paragvaj] |
| Perú (m) | Перу | [peru] |

Surinam (m)	Суринам	[surɪnam]
Uruguay (m)	Уругвай	[urugvaj]
Ecuador (m)	Эквадор	[ɛkvadɔr]

| Islas (f pl) Bahamas | Багамахойн гIайренаш | [bagamahojn ɣajrenaʃ] |
| Haití (m) | Гаити | [gaɪtɪ] |

República (f) Dominicana	Доминиканхойн республика	[dɔmɪnɪkanhojn respublɪk]
Panamá (f)	Панама	[panam]
Jamaica (f)	Ямайка	[jamajk]

153. África

Egipto (m)	Мисар	[mɪsar]
Marruecos (m)	Марокко	[marɔkkɔ]
Túnez (m)	Тунис	[tunɪs]

Ghana (f)	Гана	[gan]
Zanzíbar (m)	Занзибар	[zanzɪbar]
Kenia (f)	Кени	[kenɪ]
Libia (f)	Ливи	[lɪwɪ]
Madagascar (m)	Мадагаскар	[madagaskar]

Namibia (f)	Намиби	[namɪbɪ]
Senegal	Сенегал	[senegal]
Tanzania (f)	Танзани	[tanzanɪ]
República (f) Sudafricana	ЮАР	[juar]

154. Australia. Oceanía

| Australia (f) | Австрали | [avstralɪ] |
| Nueva Zelanda (f) | Керла Зеланди | [kerl zelandɪ] |

| Tasmania (f) | Тасмани | [tasmanɪ] |
| Polinesia (f) Francesa | Французийн Полинези | [frantsuzi:n polɪnezɪ] |

155. Las ciudades

Ámsterdam	Амстердам	[amsterdam]
Ankara	Анкара	[ankar]
Atenas	Афинаш	[afɪnaʃ]

Bagdad	Багдад	[bagdad]
Bangkok	Бангкок	[bankɔk]
Barcelona	Барселона	[barselɔn]
Beirut	Бейрут	[bejrut]
Berlín	Берлин	[berlɪn]

Bombay	Бомбей	[bɔmbej]
Bonn	Бонн	[bɔn]
Bratislava	Братислава	[bratɪslav]
Bruselas	Брюссель	[brusselj]
Bucarest	Бухарест	[buharest]
Budapest	Будапешт	[budapeʃt]
Burdeos	Бордо	[bɔrdɔ]

El Cairo	Каир	[kaɪr]
Calcuta	Калькутта	[kaljkutt]
Chicago	Чикаго	[tʃɪkagɔ]
Copenhague	Копенгаген	[kɔpengagen]
Dar-es-Salam	Дар-эс-Салам	[dar ɛs salam]
Delhi	Дели	[delɪ]

Dubai	Дубай	[dubaj]
Dublín	Дублин	[dublɪn]
Dusseldorf	Дюссельдорф	[dʉsseljdɔrf]
Estambul	Стамбул	[stambul]
Estocolmo	Стокгольм	[stɔkgɔljm]
Florencia	Флоренци	[flɔrentsɪ]
Fráncfort del Meno	Франкфурт	[frankfurt]
Ginebra	Женева	[ʒenev]
La Habana	Гавана	[gavan]
Hamburgo	Гамбург	[gamburg]
Hanói	Ханой	[hanɔj]
La Haya	Гаага	[ga'ag]
Helsinki	Хельсинки	[heljsɪnkɪ]
Hiroshima	Хиросима	[hɪrɔsɪm]
Hong Kong (m)	Гонконг	[gɔnkɔng]
Jerusalén	Иерусалим	[ɪerusalɪm]
Kiev	Киев	[kɪev]
Kuala Lumpur	Куала-Лумпур	[kual lumpur]
Lisboa	Лиссабон	[lɪssabɔn]
Londres	Лондон	[lɔndɔn]
Los Ángeles	Лос-Анджелес	[lɔs andʒeles]
Lyon	Лион	[lɪɔn]
Madrid	Мадрид	[madrɪd]
Marsella	Марсель	[marselj]
Méjico	Мехико	[mehɪkɔ]
Miami	Майями	[majamɪ]
Montreal	Монреаль	[mɔnrealj]
Moscú	Москва	[mɔskv]
Munich	Мюнхен	[mʉnhen]
Nairobi	Найроби	[najrɔbɪ]
Nápoles	Неаполь	[neapɔlj]
Niza	Ницца	[nɪts]
Nueva York	Нью-Йорк	[njʉ jork]
Oslo	Осло	[ɔslɔ]
Ottawa	Оттава	[ɔttav]
París	Париж	[parɪʒ]
Pekín	Пекин	[pekɪn]
Praga	Прага	[prag]
Río de Janeiro	Рио-де-Жанейро	[rɪɔ de ʒanejrɔ]
Roma	Рим	[rɪm]
San Petersburgo	Санкт-Петербург	[sankt peterburg]
Seúl	Сеул	[seul]
Shanghái	Шанхай	[ʃanhaj]
Singapur	Сингапур	[sɪngapur]
Sydney	Сидней	[sɪdnej]
Taipei	Тайпей	[tajpej]
Tokio	Токио	[tɔkɪɔ]

Toronto	**Торонто**	[tɔrɔntɔ]
Varsovia	**Варшава**	[varʃav]
Venecia	**Венеция**	[wenetsɪ]
Viena	**Вена**	[wen]
Washington	**Вашингтон**	[vaʃɪngtɔn]

www.ingramcontent.com/pod-product-compliance
Lightning Source LLC
Chambersburg PA
CBHW070602050426
42450CB00011B/2947